Destination Korea, Vol.3

당신이 모르는 그곳

大加耶

고령

MOVE

PUBLICATION RIGHT

PUBLISHER
조은영 Cho Eun Young

DIRECTOR
강보라 Kang Bo Ra

CONTRIBUTING EDITOR
박세회 Park Se Hoi

CONTRIBUTING WRITER
곽흥렬 Kwak Heung Ryul

ART DIRECTOR
조은실 Katie

ILLUSTRATOR
김란 Kim Ran

PHOTOGRAPHER
이규열 Lee Kyu Yeol
이명우 Lee Myung Woo

CO-OPERATION
고령군청 Goryeong County Office

ISBN 979-11-89647-03-2
발행 (주) 어라운더월드 02-3477-7046 | 서울 서초구 반포동 107-57, 302호
발행일 2019년 10월 23일
인쇄 (주) 제일프린테크 02-2068-7305

〈MOVE〉에 실린 모든 글과 사진은 저작권법에 의해 보호 받으며, 발행사의 허락이 없는 무단 전제와 복제를 엄격히 금합니다.

당신이 모르는 그곳, 고령
MOVE

"고령이요? 보령 아니고요?" 여행을 떠나기 전 사람들에게 가장 많이 들은 질문입니다. 그렇습니다. 고령이라는 곳이 있어요. 충청남도 보령 말고 경상북도 고령이요. 좀 생소하지요? 일일 생활권이다, 사통팔달이다 하지만 우리나라에는 아직 못 가본 고장이 너무 많습니다. 고령도 그런 곳 중 하나입니다. 고등학교가 두 개, 99개석을 갖춘 영화관이 하나. 시장은 5일에 한 번 서고 기차는 아직 다니지 않습니다. 시골의 고립무원을 사랑하는 여행자에게는 그야말로 청정구역 같은 곳이지요. 서울에서 왔다고 하면 "아이고, 멀리서들 오셨네"라며 밭에서 딴 앵두며 블루베리를 한 움큼씩 쥐어주는 곳이기도 하고요.

고령(高靈)은 이름처럼 높고 신령스런 고장이었습니다. 그리고 무엇보다 대가야의 도읍지였습니다. 산 중턱에 포도송이처럼 퍼져 있는 왕들의 무덤은 한 편의 서사시 그 자체였습니다. 520년 넘게 존속했던 고대 왕국의 실존이 거기 있었습니다. 산책길에 주운 토기 조각, 그 또렷한 물결무늬가 메마른 상상력에 불을 지폈습니다. 초여름의 연둣빛 고분들 사이를 거닐며 단순한 산책의 재미에 빠지기도 했습니다. 무덤은 괴괴했지만 길은 그저 아름답기도 했으니까요. 이탈리아까지 가서 스타벅스를 찾듯, 이따금 커피며 디저트를 그리워하기도 했습니다. 가야산이 보이는 카페에서 폭신한 다쿠아즈를 먹고, 폐교를 개조한 캠핑장에서 카푸치노 거품을 홀짝였습니다. '힙'한 분위기와는 거리가 멀었지만 뉴웨이브를 이끄는 젊은이들은 어김없이 있었습니다. 제주나 부산이 아닌 고령이어서 그들의 존재는 더 각별하게 느껴졌습니다.

고령은 터프한 땅입니다. 가야인의 정신을 이어받은 사람들은 힘찬 기개로 여행자를 압도합니다. 오동나무를 깎아 가야금을 만드는 명인, 시장에서 3대째 쇠를 담그는 대장장이, 화살통을 차고 벌판을 달리는 기마무사들은 누가 봐도 명백한 대가야의 후예입니다. 그 무형의 유산 또한 여러분께 전하고 싶었습니다. 우리가 모르는 장소에 이처럼 귀하고 찬란한 사람들이 있다는 걸 알리고 싶었습니다.

따로 귀띔하고픈 즐거움도 있었습니다. 개실마을 마루에서 바라본 배롱나무의 눈부신 분홍, 수십 개의 장독을 휘감는 상비산의 물안개, 농부가 즉석에서 튀겨준 들깨 꽃 부각의 바삭함. 우리가 몰랐던, 당신이 몰랐던 그곳, 고령이 여기 있습니다.

디렉터 강보라

CONTENTS

MOVE OFF
[움직이기 시작하다]

18
IMAGINE
고령을 그리다

22
WARMING UP
어서와, 고령은 처음이지?

26
WARMING UP
고령에 대체 뭐가 있어요?

30
MYTH & MYSTERY
대가야의 DNA

ON THE MOVE
[마음껏 돌아다니다]

34
NATIVE
나의 살던 고향은

42
WALKING MEDITATION
대가야의 산책자

54
MASTERPIECE
현의 노래

60
EDITOR'S PICK
대가야의 뉴웨이브

68
ANTIQUITY
가야의 흔적들

76
BONUS TRACK
진품보다 명품

80
GOURMET
누가 그랬어, 경상도 음식 맛 없다고!

92
INTERMISSION
왕국의 혼

98
MEET LOCAL
원파인데이

DIRECTORY
[여행의 작은 사전]

106
ACCOMMODATION
그림 같은 자연 속 고택들과 편리한 펜션들

110
DINING
숨겨진 식도락의 고장, 고령의 진미들

114
CAFE & SWEETS
의외로 예쁘고 상상 이상으로 흡족한 고령의 카페와 주전부리들

118
CULTURE & EXPERIENCE
고령을 더 깊숙이 들여다보게 만드는 공간들

MOVE ON
[그리고 또 다른 이야기들]

126
PLEASURE
싱그러움을 집으로

132
MEMORY
고령의 기념품들

136
ROUTE
동서남북 어디로 갈까, 〈MOVE〉의 추천 루트

MOVE OFF

[움직이기 시작하다]

The Inspiration
高靈을 그리다

고령의 시인들이 꼽은 진짜배기 고령 시인, 이하석의 시집 〈고령을 그리다〉에서 각별히 가슴을 두드린 세 편의 시를 추렸다. 그의 눈을 빌어 바라보니 주산도, 가야산도 그저 풍경이 아니다.

처음 사랑

"처음엔 / 처음엔 크게 / 통한 듯 크게 / 처음 통한 듯 // 해 먼저 비치는 봉우리 / 그 푸른 바위 딛고 / 이비가 하늘에서 내려왔지 / 가야산신 정현모주가 / 그에게 정을 내어 치마 들썩였지 // 맘 통하면 해가 늘 저 아래서 떠올라선 / 숲으로 들듯 / 정현모주는 항아덤에 풀잎 깔고 / 이비가 이끌었네 / 또는 하늘의 구름이 부추겨서 / 가야산이 끓어올랐지 // 下界의 꿈이 그렇게 잉태됐네 / 가야산 돌들 우뚝우뚝 서서 우르르르 / 저 아래 내려갈 계단을 만들었네 / 이비가는 구름 뚫고 다시 하늘로 올라가고 / 정현모주는 힘 주어 치마 부풀려 / 아이 둘 낳아 / 계단 아래로 내려보냈네 // 내려가는 계단이 바로 올라가는 계단이라서 / 여기 사람들 지금도 오르락내리락하며 / 제때 아이 받아 키우며 사네 / 전쟁 땐 그 계단으로 빨치산도 내려왔고 / 그보다 오래 전엔 수많은 經들도 저다올렸네 / 때론 숨은 사랑 찾아서 / 산 헤매는 이들 여전히 있네"

주산
―――

"풀 아래 제 모든 주검 묻어놔야 / 더 센 풀 솟는다고 / 아버진 성묘 적마다 어린 내게 말씀하셨다 // 그래, 옛날엔 그 잘난 임금도 죽으면 / 왕관도 묻고 / 함께 내려간 사람들 못 올라오게 / 꽝꽝 흙과 풀의 문 잠궜지 // 그 위로 억센 풀 솟구쳐 / 깊은 하늘 띄워놓아 / 아버지묘 찾아 고령읍 지날 때마다 / 큰 무덤 있는 산 올려다본다 // 무덤 무덤 무덤 무덤 / 풀 아래 많은 저 무덤들 / 저마다 문닫아 걸었지만 오랜 세월동안 / 해와 비와 바람과 푸나무들이 새로 짜올려 / 봉분들 가야산 새싹 꽃봉오리로 솟아 // 비로소 산 사람이든 짐승이든 나비든 돌이든 / 그 많은 이들의 고령읍내라도 지켜내는 것이다"

대가천

"가야산은 물 속 거꾸로 선 채 / 하늘 펼쳐 솟아있고, 피라미들 진달래꽃 사이로 / 날아간다, 쇳가루와 비닐 조각들 실어오는 황사 바람 속, / 폭음 터트리며 몇 대의 비행기들은 물 밑을 지나가고. / 제비꽃 옆 자갈들에 찢기는 신문지. / 큰 사건들 흩어져 모래밭에 묻히고 / 냇물에 흘러가며 졸졸거린다. // 가야산 동쪽 구비쳐 내려 / 고달피 낙동강에 흘러든다, 가천물, / 지금은 폭도 좁아지고, 청산가리 풀고 전기 꽂아넣어 / 피라미 씨 마르고, 온갖 눈물 강에 흘러들어 / 농약에 우렁이들 뼈들어지고. / 우리 엄마 날 팔았던 물터, 고요하다 / 가야산 그림자 지고. 남쪽 바다 용왕 / 홍수 때면 올라와 살던 곳. / 풍악에 열리던 속들 굳게 닫고 / 자갈들 많이도 읍내로 대구로 실려가버렸다. // 자꾸만 솟아올라 깊이 드러나 / 이제는 아무도 자식 팔지 않는 물. / 모든 어머니들의 꿈들만 상류 거슬러 치달을 뿐 / 저 물에 가야산 소식 틈틈이 끊어진다."

MOVE OFF   WARMING UP   22

Warming Up
어서와, 고령은 처음이지?
고령과는 아직 서먹한 사이. 대가야의 도시 고령과 속성으로 친해지기 위해 가장 먼저 알아야 할 정보들.

Editor 박채희, 조은영 Photographer 이규열

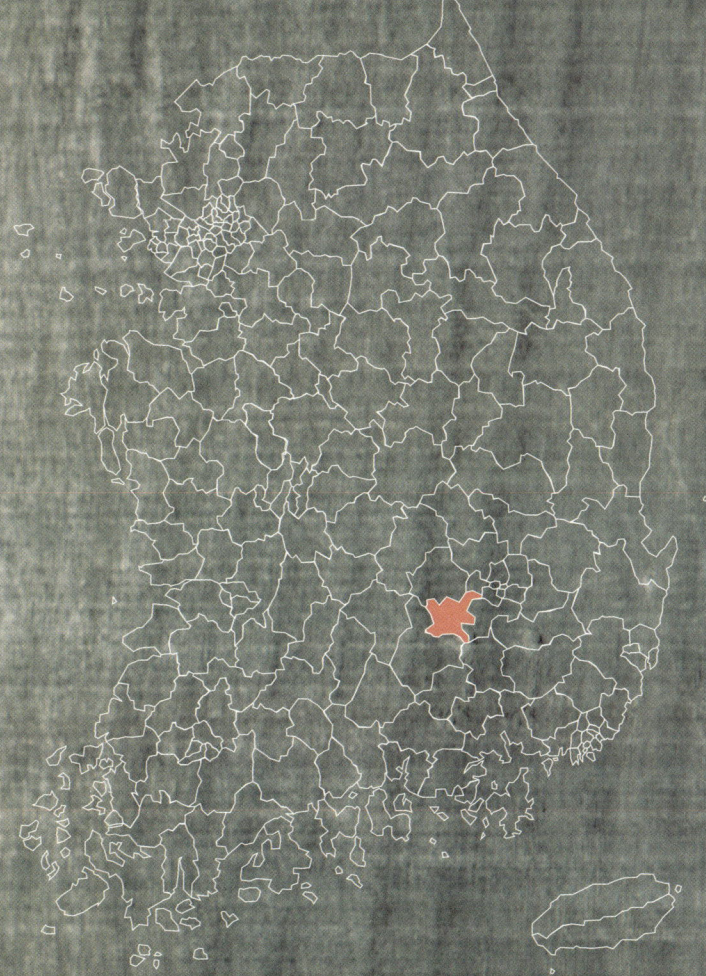

입지 Geography

경상북도를 놓고 보면 서남쪽 끝자락에 있어 대한민국 남부 지역의 내륙 중심에 위치한다. 강원도 황지천에서 발원한 영남의 대동맥 낙동강이 남으로 흐르며 대구광역시 달성군과 경상북도 고령군의 경계를 그린다. 낙동강은 이 유역에서 크게 동서로 뱀처럼 요동치며 곡류하는데, 그 서안에 고령이 있다. 동편의 경계가 강이라면 서편의 경계는 산이다. 소백산맥을 이루는 가야산과 가야산 자락의 미숭산으로 이어지는 악산들이 북편과 서편을 둘러싸고 있다. 동쪽에도 낮은 구릉지가 있으나 산세가 험하지 않다. 낙동강의 활주 사면을 따라 다산평야, 개진평야, 우곡평야 등이 형성되어 있어 일찍부터 농경이 발달했다. 낙동강 외에도 회천, 소가천, 안림천 등이 고령 군내를 지나는데, 회천과 소가천이 합류하는 고령평야 지역에 고령군의 요충지인 대가야읍이 자리한다.

교통 Transportation

중부내륙고속도로와 광주대구고속도로(88고속도로)가 군내를 관통해 대구, 부산, 창원, 대전 등의 대도시에서 1~2시간 이내에 다다를 수 있다. 경기도 양평군 옥천면에서 시작하는 중부내륙고속도로를 타고 240km를 달리면 고령 분기점에 도착한다. 서울에서 출발한다면 경부고속도로와 영동고속도로를 지나 여주분기점에서 중부내륙고속도로로 갈아타는 길을 추천한다. 서울남부터미널, 대구 서부시외버스터미널, 부산 서부시외버스터미널은 직행 시외버스가 있다. 대전에서 출발할 때는 서대구나 동대구 시외버스터미널을, 광주에서는 진주시외버스터미널을 경유해야 한다. 기차는 고령군의 숙원사업 중 하나다. 남부 내륙고속철도 고령역을 유치하기 위해 안팎으로 애를 쓰는 중이다. 그러나 현재로서는 동대구역에서 대구 지하철 1호선을 타고 서부정류장역에 내려 고령행 버스를 타는 방법뿐이다. 전국 주요도시에서 차량으로 고령까지 걸리는 시간은 다음과 같다. 서울에서 4시간, 대구에서 40분, 대전에서 2시간, 광주, 전주에서 2시간.

인구 Population

고령은 인구 3만2천여 명의 작은 도시라 조용하고 한적한 힐링 휴가를 계획할 수 있는 여행지다. 최근 몇 년 동안 관광에 쏟아 부은 지자체의 파워풀한 행보로 '작지만 큰 도시'라는 별명을 얻으면서 '대가야체험축제'때는 인구의 열 배가 넘는 35만명이 방문할 정도로 많은 이들에게 알려지고 있다. 이는 자연스럽게 젊은 인구 및 은퇴자들을 불러 모으고 있다. 한적한 도시에서의 질 높은 삶을 꿈꾸고 있는 이들의 유입으로 인해 복합문화공간, 카페, 갤러리, 공방 등의 세련된 공간들이 늘어나고 있으며 소상공업에 종사하거나 특수작물을 재배하는 귀농인들을 곳곳에서 만날 수 있었다.

식문화 Food Culture

고령군에는 오래 전부터 우시장(가축시장) 문화가 발달했다. 돼지와 소가 거래된다고 반드시 소고기와 돼지고기를 먹는 문화가 발달하는 것은 아니지만, 우시장과 같은 날 열렸던 오일장(현재 고령 대가야전통시장) 인근에서 식육 문화가 번성한 것으로 추정된다. 특히 대가야시장의 뒷고기 골목에 아직 그 흔적이 남아있으므로 시장에 들러 한 접시(1만5000원) 먹어볼 것을 권한다. 시장에서 먹는 돼지국밥도 일품이다. 축산물공판장(도축장)이 가까워 한우나 육우를 다양하게 내는 식육식당이 많다는 점도 고령 식도락의 매력 중 하나다. 군민들의 밥상에 주로 오르는 생선은 고등어와 갈치이며 주로 구이와 찜으로 먹는다. 1급수에서만 사는 민물 고디(다슬기)로 끓인 국이 일품이다. 고장을 대표하는 술로는 20일을 발효해 첫술을 뜨는 스무주가 가장 유명하며 '생비원', '고령메주' 등의 발효 명가도 일부러 찾아 경험할 만하다. 생선정식, 콩국수·냉국수, 논메기매운탕, 인삼도토리수제비 등은 지역 주민들이 즐겨 찾는 외식 메뉴다. 고령 5일장은 매달 4, 9일이 들어가는 날 열린다.

특산물 Local Products

유기농법으로 기르고 꿀벌로 자연 수정한 고령 딸기(12~4월), 전국 최고의 품질을 자랑하는 우곡 수박(5~6월), 수미 감자 중에서도 전분이 특히 많은 고령 개진 감자(5~6월)가 특산품이다. 특히 성산면은 전국 최대의 멜론 산지로 유명하다. 파파야멜론(무네트멜론)이 가장 유명하지만, 그 외에도 양구, 백자, 설향 등 다양한 품종을 만날 수 있다(특히 설향 멜론은 대도시의 백화점에서 상당히 고가에 판매되니 기회가 된다면 반드시 장바구니에 담을 것). 고령은 쌀 좋은 고장으로도 유명하다. 고령 옥미는 일본의 고시히카리보다 밥맛이 좋다는 재래종 '삼광'이다. 삼광은 국내 개발 재래종 최우수 15개 품종 중에서도 '고품' '호품'과 함께 세 손가락에 꼽힌다. 요컨대 고령에는 택배로 부칠 특산품이 아주 많다.

축제 Festival

매년 4월께 대가야읍에 있는 '대가야생활촌', '대가야박물관', '대가야역사테마관광지' 등지에서 약 나흘 동안 '대가야체험축제'가 열린다. 그 해의 주제에 맞는 각종 볼거리와 체험행사, 세미나 등이 풍요롭게 펼쳐진다. 뮤지컬, 연극, 무용, 인형극, 음악 공연, 대가야의 건국신화를 소재로 한 퍼레이드 등의 볼거리와 미니 가야금 제작, 대가야 투구 및 갑옷 만들기, 방패 만들기, 토기 제작 등의 체험행사를 즐길 수 있다. 인구 3만을 웃도는 고령이지만 축제 기간에는 35만 명 정도의 사람이 몰려 도시 전체에 활력이 돈다. 특히 뮤지컬은 고령이 문화의 도시로 거듭나는데 일조하고 있는 축제의 하이라이트 중 하나다. 해마다 완성도를 높여가고 있는 뮤지컬 '가얏고'는 2020년이 되면 9회째다. '우륵'과 '가야금'을 주제로 대가야의 찬란한 역사와 예술세계를 그린 이 작품은 고령군의 전폭적인 지원으로 단돈 5천원에 관람할 수 있다. 입장료는 축제 기간 동안 사용할 수 있는 5천원 축제상품권으로 교환해 주니 무료나 마찬가지다. 축제 기간 외에도 대가야문화누리에서는 군이 자체제작한 스트리트 뮤지컬을 공연하기도 한다. 자세한 일정은 art.goryeong.go.kr 에서 확인할 것.

요긴한 여행정보 Travel Tips

고분 트레킹 고령 여행의 첫번째 하이라이트는 고분 트레킹이다. "고분의 풍경이 가장 아름다울 때는 언제인가요?" 현지인에게 물으면 돌아오는 대답은 한결같다. 매일 풍경이 다르고, 시간대에 따라 느낌이 다르고, 날씨에 따라 색이 변하고, 사계절 모두 아름다워서 특정 시간과 한 계절만 꼽기 너무 어렵다고. 그래서 어쩌란 말인가? 계절마다 한 번씩 오란 이야기인가? 성질 급한 여행자들에게 이런 류의 애매한 답은 도리어 궁금증만 증폭시킨다. 고령에 다섯 번 방문했던 에디터의 경험을 풀자면 현지인들의 말이 결국은 맞다. 조용한 시간대의 호젓한 트레킹은 꽃놀이, 휴가철, 공휴일과 주말, 축제 기간, 장날을 피한 오전 시간이 좋다. 동 틀때, 해 질 녘, 하루에 몇 번씩 거닐어도 매번 느낌이 다르다. 걷는 행위 자체보다는 일행들과 함께 고분 사이를 누비며 대가야의 문화와 역사에 집중하고 싶다면 매년 가을 열리는 '대가야 왕릉길 걷기대회'나 4월에 열리는 '대가야체험축제' 기간에 방문하면 된다. 20명 이상의 단체는 문화관광해설사의 무료 해설도 신청할 수 있다. 4월에 열리는 '대가야체험축제'는 명실상부 고령의 대표 축제로, 한 해 중 고령이 가장 붐비는 때다. 이 기간엔 야간 고분 트레킹을 실시하기도 한다. 월요일은 대부분의 박물관이 쉬는 날이고 장날은 4, 9일이 들어가는 날이다.

벚꽃 시즌, 딸기 시즌 고령에도 10km 이어진 아름다운 벚꽃 명소가 있다. '대가야체험축제'가 열리는 4월 초 고령을 방문하면 축제장에서 차량으로 5분 거리에 벚꽃 명소들이 즐비하다. 딸기 시즌은 축제와 맞물리는 4월이 한창이다. 친환경 농법으로 재배하고, 꿀벌로 자연 수정하는 고령 딸기는 빛깔, 당도, 향기가 뛰어나고 비타민C가 풍부해 해외로도 수출된다. 딸기를 따서 원하는 만큼 먹고, 집으로도 가져갈 수 있는 체험프로그램이 고령 주요 농장에서 3월부터 5월까지 이어진다.

장거리 운전이 부담된다면 서울에서 고령까지 유일한 대중교통은 남부터미널에서 출발하는 시외버스다. 하루 6회 운행하며 총 3시간 30분 걸린다. 시간대는 다음과 같다. 서울에서 고령은 07:50(일반) / 09:50(프리미엄) / 12:40(우등) / 15:00(프리미엄) / 17:00(프리미엄) / 18:40(우등), 고령에서 서울은 07:30(우등) / 09:25(프리미엄) / 11:25(프리미엄) / 13:25(우등) / 15:55(프리미엄) / 17:25(일반) 각각 6회 운행한다. 요금은 편도 일반 21,500원, 우등 28,000원, 프리미엄 33,600원(성인기준)이다. 고령에서의 동선이 크지 않다면 버스로 도착한 후, 대가야역사테마관광지 주변 숙소에 짐을 풀고 도보 또는 택시로 주요관광지를 돌아볼 수 있다. 시내가 크지 않고 시장, 대가야읍 내 주요 관광지들은 서로 가까이 위치한다. 서울에서 동대구역까지 KTX, SRT를 타고 가서 동대구역부터 렌터카를 이용해 고령에 가는 방법도 추천한다. 서울부터 동대구역까지 한 시간 반, 대구에서 고령까지는 차로 30분 걸린다. 고령은 차 막힐 일 없는 작은 도시, 도로 양쪽에 줄지어진 키 큰 나무들과 차창 밖으로 보이는 너른 논밭이 시골 드라이빙의 재미를 더해줄 것이다.

#Hashtag
고령에 대체 뭐가 있어요?

아는 만큼 보인다는 말은 고령에서 특히 유효하다.
슬기로운 고령 여행을 위한 내 맘대로 해시태그 모음.

금관가야말고대가야

대가야 고령은 대가야로 시작해서 대가야로 끝난다. 고구려·백제·신라와 어깨를 나란히 했던 대가야의 수도라는 자부심 때문이다. 그러므로 고령을 여행하려면 일단 대가야의 역사에 익숙해져야 한다. 아쉽게도 가야사(史)에 대한 대중의 관심은 그리 높지 않다. 오랫동안 소국 연맹으로 치부되어 삼국과 달리 제대로 된 고대국가로 대접받지 못한 탓이다.
기원 전후 낙동강 하류 지역에서 결성된 가야는 고령 대가야를 비롯해 상주 고령가야, 성주 성산가야, 김해 금관가야, 함안 아라가야, 고성 소가야 등 크게 6가야로 구분된다. 가야는 서기 42년에 시작되어 562년 신라에 흡수되기까지 520년간 연맹체를 유지했다.
4~5세기까지는 김해 지역의 금관가야가 주도했으나 400년경 고구려 침략을 계기로 쇠퇴, 이후 전쟁에 피해를 입지 않은 대가야가 후기 가야를 대표하는 국가가 되었다. 전성기 때 대가야는 북쪽으로 전북 무주부터 남쪽으로 전남 고흥에 이르기까지 넓은 영역에 걸쳐 세력을 떨쳤다. 대가야는 풍부한 철을 바탕으로 삼국은 물론 일본, 중국과도 교류하며 순장, 가야금, 토기, 철기 등 그들만의 독특한 문화를 형성했다. 철제 무기로 무장한 군사력과 이를 기반으로 마련한 강력한 정치 체제, 철을 바탕으로 한 교역은 대가야 발전의 중요한 원동력이었다.

비슷한 시기에 건국된 금관가야와 대가야는 6세기 중반 신라에 의해 30년 간격을 두고 차례로 멸망했다. 서기 532년 금관가야의 마지막 왕인 구형왕은 신라에 항복해 나라를 물려주는 길을 택했다. 이에 신라는 예를 갖추어, 스스로 투항한 금관가야의 왕족들에게 진골의 지위를 주고 그들이 살던 곳을 그대로 다스리게 했다. 반대로 대가야는 562년 신라군에 의해 멸망한 후 역사 속으로 사라졌다. 이후 가야의 역사는 금관가야의 근거지인 김해를 중심으로 정리됐다. 우리가 지금까지 대가야보다 금관가야에 더 익숙한 이유다.
오랜 세월 베일에 싸여있던 대가야는 지난 1977년 고령 지산동 44, 45호 고분의 발굴로 전환점을 맞이하게 된다. 무덤에서 순장덧널과 수많은 부장품이 발굴된 것을 계기로 가야사 전체를 재평가하자는 움직임이 일어난 것이다. 한국 고대사의 변방에 있던 가야가 역사의 중심에 서면서 '삼국시대'가 아닌 '사국시대'를 주장하는 학계의 목소리도 높아졌다. 최근에는 고령군 또한 잃어버린 왕국을 재현하는데 팔을 걷어붙이고 있다. 2015년 고령읍의 행정 명칭을 대가야읍으로 바꾸고, 올 4월 대가야의 생활상을 재현한 대가야생활촌을 개장한 것이 좋은 예다. 이밖에도 대가야박물관, 대가야왕릉전시관, 우륵박물관을 운영하고 매년 4월 대가야체험축제를 개최하는 등 고대 왕국의 수도라는 지역의 정체성을 살리기 위해 노력하고 있다.

유네스코세계유산

지산동 고분군   대가야읍 지산동 일대에 분포해 있는 가야시대 최대의 고분군이다. 왕과 귀족 등 통치자들의 무덤으로 추정되는 고분군 트레킹은 고령 여행의 백미로 꼽힌다. 고령의 진산인 주산(主山) 남쪽 능선을 따라 704기의 크고 작은 봉분들이 포도송이처럼 모여 있는데, 이는 모두 대가야가 성장하기 시작한 서기 400년경부터 멸망한 562년 사이에 조성된 것이다. 신라와 달리 대가야의 고분들은 산 위에 있어 읍내를 한눈에 굽어볼 수 있다. 반대로 읍내에서 보면 고분들이 하늘과 맞닿아 있는 것처럼 보인다. 주산의 구릉 전체를 신성한 공간으로 인식하고 이승과 저승이 하나로 연결된다고 믿은 대가야인의 내세사상을 가늠케 하는 부분이다. 현재 지산동 고분군(사적 제79호)을 포함한 7개 가야고분군은 유네스코 세계유산 우선 등재 목록에 선정, 2022년 등재를 목표로 하고 있다.

내겐너무잔인한순장

순장 문화   순장이란 신분이 높은 사람이 죽었을 때 그를 위해 사람이나 동물을 죽여서 함께 묻는 장례풍습을 말한다. 이는 죽은 뒤에도 별도의 세계에서 삶을 이어간다고 믿는 계세사상이 반영된 것이다. 오늘날의 관점에서 보면 조금 잔인한 풍습이지만 순장 문화야말로 대가야를 이해하기 위한 핵심 키워드이므로 이왕이면 열린 마음으로 살펴볼 것을 권한다. 대가야왕릉전시관은 국내 유일의 순장 왕릉 전시관으로, 현존하는 국내 최대 순장무덤인 지산동 44호분 내부를 발굴 당시 모습 그대로 재현해 놓았다. 실물 크기로 복원된 왕릉 속을 탐험하며 무덤의 구조와 축조방식, 왕과 순장자들의 매장 모습, 장신구나 토기 같은 껴묻거리들을 직접 보고 느낄 수 있다. 지산동 44호분에서는 약 40명의 순장자가 발견됐는데 순장된 사람은 10대에서 60대에 이르는 다양한 연령대의 남자와 여자로, 남편과 아내, 아버지와 딸, 형제자매가 함께 순장되기도 했다. 대부분 시종, 시녀, 호위무사, 창고지기, 마부 등 왕의 저승 생활을 위한 직업군으로 추정된다. 이곳에서 출토된 철제 갑옷, 금귀걸이, 토기 등은 당시 순장자들의 신분을 알려주는 중요한 단서가 되었다. 장신구가 출토된 곳의 주인공은 왕의 시녀, 단순히 토기만 출토된 곳은 일반 백성, 갑옷이 출토된 곳은 무사인 식이다. 순장자에게 별도의 순장덧널을 만들어 주는 여러 덧널(多槨)식 순장묘는 오직 지산동고분군에서만 발견된다.

진짜한옥을만나다

개실마을 & 점필재 종택 개실마을은 영남사림학파의 종조로 꼽히는 점필재 김종직 선생(1431~1492)의 후손들이 모여 사는 집성촌이다. 김종직은 조선 중엽 무오사화 때 당쟁에 휘말려 비참한 최후를 맞았으나 용케 화를 면한 후손들이 이곳에 정착해 350여 년째 종가의 대를 이어오고 있다. 현재 60여 가구에 100여명의 주민이 살고 있는데 모두 20촌 이내 친척지간이라 이웃 간의 유대감이 무척 끈끈하다. 마을은 80% 가량이 한옥을 유지하고 있어 농촌의 정취가 물씬 풍긴다. 고샅길을 걷다가 야트막한 담장 너머로 고개를 빼고 안부를 주고받는 주민들의 모습도 정겹다. 예스러운 돌담길을 따라 걷다보면 자연스레 점필재 종택에 이른다. 1800년경에 건립해 몇 차례 중수한 고택은 규모가 그리 크진 않지만 고졸하고 기품이 넘친다. 사랑채, 안채, 고방채를 갖춘 영남 전통한옥의 구조와 아름다움을 엿볼 수 있다. 선생의 유품으로는 당후일기, 교지, 상아홀, 유리주병, 매화무늬 벼루, 강독죽통, 옥벼루 등이 있는데 현재 대가야박물관에 보관되어있다. 개실마을의 '개실'은 '꽃피는 골'이라는 뜻의 '개화실(開花室)'이 '개애실'을 거쳐 '개실'로 음이 변한 것이다.

타로카드대신암각화

장기리 암각화 고령은 선사시대 암각화가 뚜렷이 남아있어 예부터 암각화의 고장으로 통한다. 암각화(岩刻畵)란 말 그대로 선사시대 사람들이 그들의 생각과 바람을 바위나 암벽 등 성스러운 장소에 새겨 넣은 것을 말한다. 보물 제605호인 장기리 암각화는 장기리 알터마을 입구의 바위 표면에 새겨진 선사시대 그림으로, 동심원과 다수의 가면 모양이 새겨져 있는 것이 특징이다. 청동기시대 후기에 만들어진 것으로 추정되며, 농경에서의 풍요를 기원하는 제의와 관련 있는 것으로 생각된다.

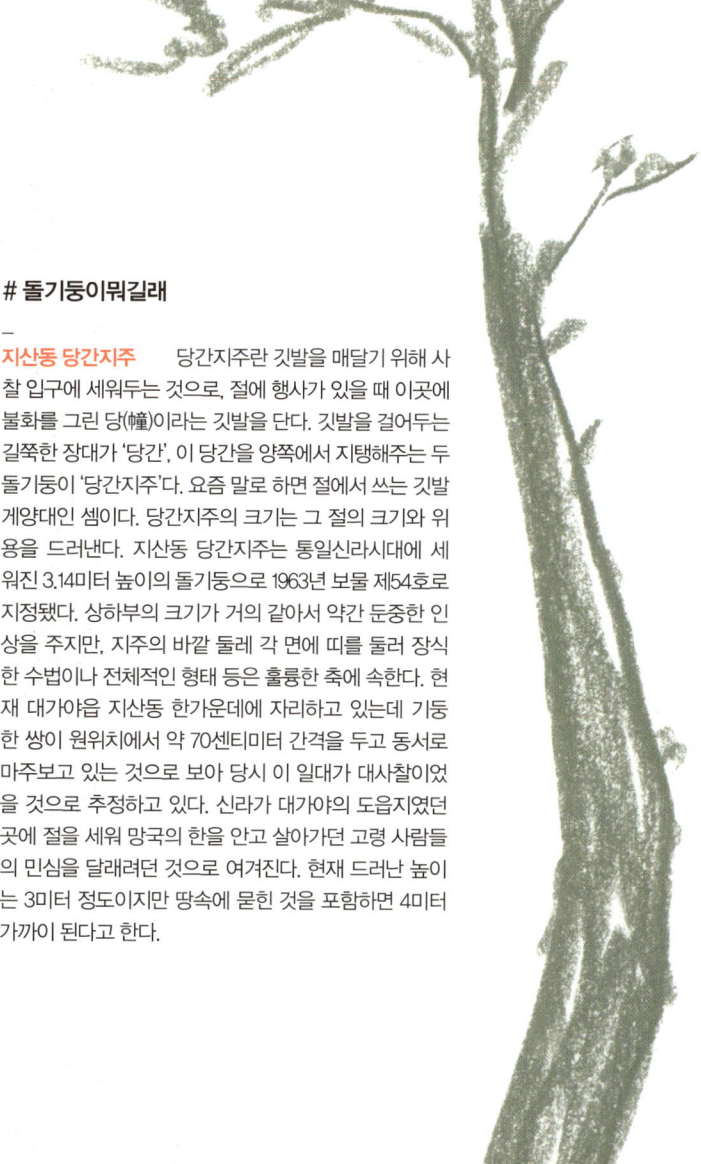

우륵과 고령의 상관관계

가야금 & 악성 우륵 고령군은 가야금의 발상지이며 악성 우륵의 고장이다. 우륵의 활동지였던 대가야읍 쾌빈리의 금곡(琴谷)은 속칭 '정정골'로 불린다. 우륵 선생이 가야금을 연주하니 '정 정 정' 하는 소리가 난다해서 붙여진 이름이다. 우리나라 3대 악성(우륵, 박연, 왕산악) 중 한 명인 우륵은 정정골에서 12현금의 가야금을 연주하고, 가실왕의 명을 받아 가야금을 위한 12곡을 작곡했으나 현재는 악보 없이 그 이름만 전해오고 있다. 문화적 성군이었던 가실왕은 여러 지역에서 사용되었던 악기를 가야금의 형태로 통일하고 우륵으로 하여금 각 지역의 음악적 특징을 담은 12곡을 짓게 해 분열된 가야를 음악으로 통합하고자 했다. 우륵은 대가야가 멸망하기 전 신라로 망명해 신라 음악문화 발전에도 많은 공헌을 했다. 우륵이 예술 활동을 펼쳤던 정정골에 들어선 우륵박물관은 우륵과 가야금에 얽힌 이야기를 바탕으로 꾸며졌다. 박물관 한쪽에는 전문 장인들이 상주하는 가야금 공방과 가야금을 연주해볼 수 있는 공간이 따로 마련되어있다.

돌기둥이뭐길래

지산동 당간지주 당간지주란 깃발을 매달기 위해 사찰 입구에 세워두는 것으로, 절에 행사가 있을 때 이곳에 불화를 그린 당(幢)이라는 깃발을 단다. 깃발을 걸어두는 길쭉한 장대가 '당간', 이 당간을 양쪽에서 지탱해주는 두 돌기둥이 '당간지주'다. 요즘 말로 하면 절에서 쓰는 깃발 게양대인 셈이다. 당간지주의 크기는 그 절의 크기와 위용을 드러낸다. 지산동 당간지주는 통일신라시대에 세워진 3.14미터 높이의 돌기둥으로 1963년 보물 제54호로 지정됐다. 상하부의 크기가 거의 같아서 약간 둔중한 인상을 주지만, 지주의 바깥 둘레 각 면에 띠를 둘러 장식한 수법이나 전체적인 형태 등은 훌륭한 축에 속한다. 현재 대가야읍 지산동 한가운데에 자리하고 있는데 기둥 한 쌍이 원위치에서 약 70센티미터 간격을 두고 동서로 마주보고 있는 것으로 보아 당시 이 일대가 대사찰이었을 것으로 추정하고 있다. 신라가 대가야의 도읍지였던 곳에 절을 세워 망국의 한을 안고 살아가던 고령 사람들의 민심을 달래려던 것으로 여겨진다. 현재 드러난 높이는 3미터 정도이지만 땅속에 묻힌 것을 포함하면 4미터 가까이 된다고 한다.

Myth & Mystery
대가야의 DNA

1,600여년 전 대가야로 들어가기 위한 첫 번째 관문, 바로 건국신화다.

"대가야 사람들은 왜 산 위에 무덤을 만들었을까요?"
고령의 문화관광해설사 중 최고참인 이용호 해설사가 만나자마자 수수께끼 같은 질문을 던졌다. 듣고 보니 그랬다. 왜 굳이 평지가 아닌 산 중턱에 무덤을 만들었을까?
"고령을 알려면 먼저 대가야를 이해해야 합니다. 그럼 일단 대가야의 건국신화부터 살펴볼까요?"
건국신화라니! 듣기만 해도 머리가 지끈지끈했다. 우리의 표정을 눈치 챈 그가 씩 웃더니 어린아이 달래듯 조곤조곤 말을 이어갔다.
"이것만 알고 계시면 됩니다. 대가야인은 산신의 후손! 그게 대가야의 가장 중요한 컨셉이에요."

그의 말을 요약하면 가야에는 두 가지 건국신화가 전해 온다. 하나는 대한민국에서 정규교육을 받은 사람이라면 다들 조금씩 기억하고 있을 이야기다. '거북아 거북아 머리를 내놓아라, 내놓지 않으면 구워서 먹으리'로 시작하는 구지가를 부르며 왕의 강림을 기원하는 수로왕 건국 설화 말이다. 하늘에서 내려온 여섯 개의 황금알에서 여섯 동자가 태어났는데, 맨 먼저 알을 깨고 나온 동자가 금관가야의 수로왕이 되고, 나머지 다섯 동자가 각각 다섯 가야의 임금이 되었다는 이야기. 〈삼국유사〉의 '가락국기'에 기록된 이 난생설화는 그러나 어디까지나 금관가야 중심의 건국신화일 뿐, 대가야의 건국신화와는 배경도 인물도 다르다. 대가야만의 독자적인 건국신화가 존재한다는 뜻이다. 조선시대 지리책 '신증동국여지승람'이 신라 말 최치원이 지은 '석이정전'을 인용해 전하는 일명 '정견모주설'이 그것이다. 대략의 내용은 이렇다.

2,000여 년 전 가야산 깊은 골에 한 여신이 살았다. 아름다운 용모와 성스러운 기품을 지닌 산신(山神) 정견모주(正見母主)였다. 가야 땅의 백성들이 우러러 받드는 신이었던 정견모주는 백성들의 평안을 위해 밤낮없이 기도했다. 어느 봄날 그녀의 기도에 감복한 천신(天神) 이비가지(夷毗訶之)가 오색구름 수레를 타고 가야산 중턱에 내려앉았다. 산신과 천신은 가야산에서 부부의 연을 맺고 옥동자 둘을 낳았는데 첫째는 아버지 천신을 닮아 해와 같이 얼굴이 빛난다 하여 '뇌질주일(惱窒朱日)'이라 하고, 둘째는 어머니 산신을 닮아 얼굴색이 하늘처럼 푸르다 하여 '뇌질청예(惱窒青裔)'라 했다. 후에 형 뇌질주일은 대가야의 시조인 이진아시왕이 되고, 아우 뇌질청예는 금관가야의 시조 수로왕이 되었다.

그러니까 정견모주는 대가야와 금관가야의 건국왕인 두 아들의 어머니인 셈이다. 사자성어 같은 인명들 탓에 귀에 착 감기지는 않지만 자세히 살펴보면 꽤 재미있는 이야기다. 인물의 우선순위가 금관가야의 임금 수로왕에서 대가야의 임금 뇌질주일로 바뀐 것이다. 이야기의 배경 또한 구지봉에서 가야산으로 옮겨갔다. 주몽이나 박혁거세처럼 알에서 태어난 신이 아닌 산신, 특히 여신이 설화의 중심에 선다는 점도 흥미롭다. '가야산신감생설(伽倻山神感生說)'이라는 신화의 원래 제목이 말해주듯, 대가야의 건국신화에서 실제 이야기의 초점은 산신인 정견모주에게 맞춰져 있다. 하늘 신 이비가지는 정견모주가 감응하는 객체적 대상으로 설정되어 있을 뿐이다. 가야산신 정견모주에 대한 고령 사람들의 숭배의식은 뿌리 깊다. 대가야의 국토를 지켜주는 신이자, 국조를 낳은 신모이기 때문이다. 대가야의 무덤들이 모두 산 위에 있는 것도 이 때문이다.

본래 건국신화란 건국 초부터 형성되기보다는 소국(小國)으로 출발해 국가의 기틀을 닦는 단계에서 만들어지기 마련이다. 이 혼란스러운 시기에 지배층은 통치를 원활하게 하기 위해 자신들의 신성함을 부각하고 정신적 통합을 이룰 필요가 있다. 제각각 전기, 후기 가야연맹체의 맹주였던 금관가야와 대가야가 저마다의 고유한 건국신화를 정립한 이유다. 대가야의 정견모주설도 건국 초부터 완성된 것이라기보다는 5세기경 가야문화권의 맹주가 되는 과정에서 새롭게 전승된 것이라는 의견이 지배적이다. 정견모주설을 통해 건국왕의 신성한 혈통을 부각하는 한편, 첫째 아들이 대가야를 건국했다고 선언함으로써 금관가야보다 오랜 역사를 지닌 맹주국이라는 사실을 드러내고자 했던 것이다.

ON THE MOVE

[마음껏 돌아다니다]

My Hometown
나 의   살 던   고 향 은

눈 밝은 관광객은 가이드북 뒷장에 시선이 머문다. 이방인의 발길이 미치지 않는 곳, 현지인조차 어쩌다 한 번 찾아가는 곳에 동그라미를 치고 넉넉히 둘러볼 수 있도록 일정을 느슨하게 조율한다. 고령에서 태어난 수필가 곽흥렬에게 현지인의 눈으로 대가야국의 자취를 밟아 달라 청했다. 가이드북의 뒷장이 열렸고, 우리가 모르는 고령이 펼쳐졌다. 일정이 늘어났음은 물론이다.

몇 해 전 고향 근처 산골에다 새 보금자리를 마련한 뒤로 생활 방식이 전과는 많이 달라졌다. 이른 새벽, 멀리 반룡사에서 은은히 울려 퍼지는 도량석 소리가 침묵에 잠긴 세상을 깨우면 습관처럼 자리를 털고 일어난다. 졸린 눈을 비비며 2층 서재로 올라가 책상 앞에 앉는다. 컴퓨터를 열어 밤새 쌓인 전자우편함을 확인하고는 하루 일과를 점검한다. 이윽고 희붐하게 날이 밝아오면, 언제나처럼 앞마당으로 나가 절 쪽을 향하여 삼배를 올린다. 그런 다음, 갖가지 꽃나무들에게 간밤의 안부를 묻고 이름 모를 산새며 벌, 나비들과 아침인사를 나눈다. 이 생명체들과의 교감은 번다한 도회지 생활에서는 누리기 힘든 즐거움을 안겨준다. 이런 소소한 즐거움을 누릴 때면 오랜 시간 속진에 찌든 마음의 때가 시나브로 씻겨 나가는 것 같다.

대처에서 살 때는 그다지 크게 관심을 갖지 않았던, 역사의 흔적을 찾아 음미하는 재미에도 푹 빠져 지낸다. 꼭 운수납자(雲水衲子)가 아니어도 그저 마음 내키는 대로 이곳저곳 다니며 옛 자취를 더듬는 것은 내게 적지 않은 삶의 의미를 선사한다. 천 년 신라의 도읍지였던 경주가 발길 닿는 데마다 유적 아닌 곳이 없다지만, 오백 여 년 대가야의 도읍지였던 내 고장 고령 역시 그에 못지않게 가는 곳마다 유적이 흩어져 있다. 그 역사의 자취들을 돌아보며 우리 고장에 살다 간 조선(祖先)들의 삶의 모습을 상상하는 일은 요즘 들어서 이전까진 몰랐던 생의 보람과 의미를 느끼게 하는 소중한 시간들이다.

손가락으로 꼽아 가며 하나하나 정리해 보니, 까마득한 옛적부터 최근세에 이르기까지 몇 번을 굽혔다 폈다 해야 할 만큼 가짓수가 넘친다. 우리나라 3대 바위그림 가운데 하나에 속하는 장기리 암각화며, 청동기 시대에 풍요와 다산을 기원하는 주술적 의미로 만든 성혈(性穴)이며, 세계유산 등재를 눈앞에 두고 있는 주산 등성이의 고분들이며, 가야 왕들이 사용하던, 이 땅에 유일하게 현존하는 우물인 왕정(王井), 고운 최치원 선생의 흔적이 서려 있는 벽송정(碧松亭), 가야산 해인사보다도 먼저 창건되었다는, 작지만 큰 절집인 반룡사(盤龍寺), 고려 때 강화도에 보관되어 오던 팔만대장경을 해인사로 이운한 개경포(開經浦), 여말 이성계의 반란군에 끝까지 맞서 싸우다 장렬히 산화한 이미숭 장군의 충절이 서려 있는 미숭산, 가야금을 만든 악성 우륵을 기리기 위해 지어진 우륵박물관과 기념탑, 성리학의 태두로 추앙 받는 점필재 김종직 선생의 사당이 있는 개실마을, 임진왜란 때 혁혁한 공을 세운 뒤 순절한 김면 장군을 모셔 놓은 도암서원(道巖書院), 조선 후기 정의의 판관으로 회자되고 있는 암행어사 박문수의 일화가 전하는 만남재(萬南齋), 불법을 수호하고 불보살의 공덕을 찬양하며 경전을 널리 유포하여 인간 세상에 정법을 펼치기 위한 상징적인 의미로 세운 지산리 당간지주(幢竿支柱), 고령의 유일무이한 마애불인 개포 석조관음보살좌상(石造觀音菩薩坐像), 조선 말기 상인들의 상호부조를 위해 결성된 상무사(商務社)를 기리는 상무사기념관, 자그마치 육백 예순 살의 연령을 자랑하는 평지마을의 느티나무… 하나하나 열거하자면 이루 헤아릴 수가 없다. 까마득한 과거세에서부터 중세를 거쳐 근세, 현세를 아우르는 이 수많은 문화유산들은 작지만 큰 고을인 고령이 자랑할 만한 소중한 전통이다. 그 중 유서 깊은 몇 곳을 찾아, 대가야의 도읍지였던 고령의 흘러간 역사를 더듬어 보기로 한다.

01
場基里 巖刻畫

장기리 암각화 | **이토록 확실한 시간여행**

둥글고 각지고, 이런저런 형상의 그림이 바위 표면에 빼곡히 새겨져 있다. 기하학적인 무늬가 어찌 보니 떡살 같고 또 어찌 보니 귀면와를 닮았다. 이 그림들이 대체 무엇을 의미하는 것일까. 빨려들 듯 궁금증이 솟구친다. 장기리 암각화를 안 것은 오래되었지만 눈으로 확인한 건 얼마 되지 않는다. 무엇에 그리 쫓기며 살았는지 이제껏 놓치고 지내왔었다. 보물 605호로 지정된 이 귀중한 문화유산이 내 생활반경에서 그리 멀지 않은 곳에 있다는 사실이 여간 뿌듯하지 않다.

고령에는 까마득한 옛적부터 사람이 살았던 모양이다. 암각화가 그런 추측을 가능하게 해주는 가장 뚜렷한 표식 아닌가. 이때부터 적게는 수십 호에서 많게는 수백 호에 이르는 취락이 형성되어 삶을 영위했었던가 보다. 농사짓고 고기잡이하며 꾸려간 조상들의 생활의 자취를 이 장기리 바위그림에서 읽어낸다. 양전리(良田里)라는 지명을 풀이해 보면 좋은 밭, 곧 '비옥한 땅이 있는 마을'이라는 뜻이 아닌가. 그 이름만으로도 농경시대에 사람이 살기에 적합한 곳이었다는 사실을 충분히 미루어 짐작할 수 있다. 으레 그러하듯 강가의 논밭은 퇴적층의 사질 양토여서 농사가 잘 되는 곳이다. 거기다 강에서 물고기를 잡으며 살기에도 그만이었을 터이다. 암각화에 오래 눈길을 주고 있으려니 수천 년 전 이 땅에 머물다 떠난 우리 조상들의 일상이 선연히 그려진다. 그때도 사람살이의 근본 방식은 지금이나 별반 차이가 없었으리라. 농경 사회였다면, 아침 일찍 일어나 밥 먹고 들에 나가 농사짓고 강에서 물고기를 잡다 저녁에 돌아와 잠자리에 드는 기본적인 의식주 생활이었을 게다. 문명이 발전되지 않았던 원시시대 사람들은 자연에 대한 두려움이 컸음에 틀림없다. 그러기에 절대의 힘을 지닌 하늘과 땅에 의지하여 다산과 풍요를 빌고 싶었을 것이다. 그 소망을 담아 놓은 것이 바로 여기 바위그림 아닐까. 아득한 옛 시절의 우리 조상들과 지금 만나고 있다는 생각에 바위그림 앞에서 나는 잠시 숙연해진다.

이 귀중한 문화유산인 '양전리 암각화'가 언제부터인가 '장기리 암각화'로 이름이 달라졌다. 암각화가 자리해 있는 곳의 행정구역이 양전리에서 장기리(場基里)로 바뀌면서 자연히 명칭도 따라 바뀌었을 것이 분명하다. 이렇게 이름이 고쳐진 것에 대해 적이 못마땅한 마음이 든다. 이름이 가치를 만든다는 말이 있지 않은가. '장기리 암각화'로서는 원시시대 사람들의 삶의 터전이었다는 그 지리적 의미를 충분히 담아내지 못할 것 같다는 나대로의 판단에서이다. 하지만 돌려 생각도 해 본다. 이름이 뭐 그리 대수이랴. 오늘을 사는 사람들이 까마득한 옛 사람들과 마음을 나누며 소통하는 장만 될 수 있다면 그것으로 그만 아닌가. 어찌 되었건 내 고장 고령 땅의 이 암각화가 수만년토록 고스란히 원형을 유지하면서 길이길이 보존되었으면 하는 마음이다. 양전리 암각화, 아니 장기리 암각화를 마주하고 있는 동안, 타임머신을 타고 세월을 거슬러 올라가 오래 전 선사시대 땅을 밟는 듯한 착각에 사로잡혔다.

02 大加耶王陵展示館

대가야왕릉전시관 | **종교의식으로서의 순장**

주산의 남동쪽 끝자락에 고령의 자랑거리가 또 하나 있다. 국내에서 최초로 확인된 순장 묘인 지산동 제44호분 내부를 실물 크기로 재현해 놓은 대가야왕릉전시관이 그것이다. 궁륭 모양의 거대한 전시관에 발을 들여놓는 순간, 그 정교한 구도에 감탄사가 튀어나오면서 동시에 마음 한편이 숙연해진다. 무덤 속처럼 어두컴컴한 조명이 비치는 가운데 순장을 형상화한 인체 모형들이 여기저기 눈에 들어온다. 하나같이 두 팔을 가지런히 모은 채 잠자듯 반듯이 누워 있다. 가까이 다가가 흔들어 깨우기라도 하면 마치 산 사람처럼 금방이라도 벌떡 일어날 것만 같다. 곁에는 이런저런 살림도구를 비롯한 다양한 껴묻거리들이 가지런히 놓여있다. 한 발 한 발 조심스레 발을 떼며 찬찬히 둘러본다. 어디선가 도란도란 말소리가 들려오는 성싶다. 가만히 귀를 모은다. 무슨 내용인지 모를 음성이 간단없이 웅얼웅얼 거린다.

사람들은 늘 순장되어 있는 모습을 보면서 그들이 겪었을 죽음에의 공포를 이야기한다. 소소한 일상을 살아가는 보통 사람들에게는 그 어떤 것이 죽음에 대한 두려움만큼 클것인가? 서서히 숨이 끊어지며 시시각각 다가오는 죽음에의 공포를 온몸으로 맞닥뜨렸을 그들의 최후에 전율이 인다. 하지만 거기에 종교라는 마법이 씌워지면 이야기는 180도 달라진다. 종교만큼 사람을 맹목적으로 만드는 것이 있을까. 심지어 죽음 같은 극도의 두려움조차 종교적 신념 앞에서는 거칠 것이 없다. 혹독한 박해에도 굴하지 않고 믿음을 위해 죽음의 길을 선택한 순교자처럼, 자기의지로 죽음을 받아들이는 경우는 오늘날에도 심심찮게 찾아볼 수 있으니 말이다. 왕릉에 순장된 사람들도 어쩌면 마찬가지였지 싶다. 지난날 임금은 종교의 교주처럼 맹목적으로 우러르는 대상이 아니었던가. 그런 절대적 존재를 향한 충성의 마음은 죽음에의 두려움을 뛰어넘도록 만들기에 충분했으리라. 그들은 자신이 목숨처럼 받들어 모신 무덤 속 주인공에게 죽음으로써 마지막 존경의 염(念)을 다한다는 흔흔한 희열을 안고 조용히 사위어 갔을는지도 모를 일이다. 이런 생각을 하며 다시 무덤 속 얼굴들을 찬찬히 살핀다. 그들의 표정에서 어떠한 고통도, 두려움도 찾을 수가 없다. 그저 잠자듯 평온한 얼굴이다. 잔뜩 긴장되어 있던 내 마음도 스르르 풀어진다.

03 道巖書院

도암서원 | 장군의 마지막 안식처

광주대구고속도로 고령 나들목을 빠져나와 고곡삼거리를 지나면, 몇 걸음 가지 않아 왼쪽으로 꺾어드는 지점에 '칠등'이라고 불리는 작은 마을이 나타난다. 일곱 개의 등줄기가 굽이굽이 펼쳐져 있어서 칠등이라고 했는지, 아니면 다른 뜻을 품고 있어서 그런 이름이 붙었는지는 모르겠다. 이 마을을 거쳐 골짜기 끝자락에 다다르면 날아갈 듯한 기와집 몇 채가 당당하게 서 있다. 여기가 송암(松菴) 김면 장군을 배향하고 있는 도암서원이다. 우리는 임란 의병사를 논할 때 늘 4대 의병장을 떠올린다. 영남의 망우당(忘憂堂) 곽재우, 호남의 건재(健齋) 김천일, 태헌(苔軒) 고경명, 호서의 중봉(重峯) 조헌 선생이 곧 그들이다. 임란 때 이들 4대 의병장 못지않은 혁혁한 활약을 펼친 이가 있으니 그가 바로 김면 장군이다. 이 사실을 최근 도암서원에 와서야 알았다. 고령에서 태어나고 잔뼈가 굵은 내가 이제껏 그 사실조차 까마득히 모르고 있었다니 적이 부끄러운 마음이 앞선다.

도암서원은 본래 1666년(현종 7년) 지역의 유림들에 의해 고령의 읍내에 세워졌었다. 그러던 것을, 1789년(정조 13년) 서원 주변에 시장이 자리하고 있어서 번잡하고 또한 주변 풍광에 어울리지도 않아 장군의 선산이 있는 칠등 아래 현 위치로 이전하였다고 기록은 전한다. 초등학교 시절 어머니 따라 고령장 가는 길에 이따금 그 앞을 지나다니곤 했었다. 그땐 너무 어렸던 탓에 거기가 그런 역사적인 의미가 서려 있는 곳인 줄 전혀 알지 못했다. 그저 고풍스러운 기와집 몇 채가 장중하게 여겨졌을 뿐이었다. 나이 들어 뒤미처 깨닫고 보니, 고령에서 의병을 일으켜 혁혁한 공을 세우고 순절한 장군의 사당이 자리하고 있는 곳이구나 싶어 새삼 옷깃이 여미어진다. 서원 뒤편의 서당 앞마당에 자라고 있는 아름드리 배롱나무가 지나간 세월을 말없이 증언해 준다. 그 당당한 풍채는 뵌 적 없는 장군의 모습을 상상 속에 그려보게 만든다.

장군은 장수이기에 앞서 퇴계와 남명 두 선현의 문하에서 배움을 닦은 유학자였다. 그런 선비가 임란이 발발하자 "나라가 위급한데 신하된 사람으로서 목숨을 바치지 않고서야 어찌 성현의 글을 읽었다고 할 수 있겠는가."라는 말과 함께 분연히 의병을 일으킨다. 적을 물리침에 있어 백성 속에서 백성의 지지를 받아 백성을 위해 싸우니 그 후원과 격려로 혁혁한 전과를 올리게 된다. 기율이 엄정하니 위엄이 있었고 백성의 우러름을 받은 장수였다. 그런가 하면 관군과 관군, 관군과 의군, 의군과 의군 사이의 불화를 조정하여 통합을 이루어낸 덕장이기도 했다. 장군은 경상우도병마절도사가 되어 금산, 개령에 주둔하고 있을 당시 "오로지 나라 있는 줄만 알았고 내 몸 있는 줄은 몰랐다(只知有國不知有身)"라는 충언을 남기고 순절하였다고 전한다. 장군의 불타는 애국충정을 읽어낼 수 있는 대목이다.

서원 서쪽 편으로 야트막한 산이 펼쳐져 있다. 그곳에 장군이 고이 잠들어 계신다. 묘소 앞에 서서 머리를 숙이고 마음속으로 명복을 빈다. 고개를 들어 다시 서원 쪽을 바라본다. 저녁 해를 받은 서원이 장군의 당당한 풍채인 양 환하게 빛나고 있다.

04 盤龍寺

반룡사 | 해인사의 형님 절집

초란이 일반 달걀보다 크기가 작듯이 무녀리는 대개 체구가 왜소하다. 그렇지만 영양 면에서는 흰자보다 월등히 높은 노른자가 일반 달걀에 견줄 수 없을 만큼 많다. 사람도 그런 것 같다. 형이 동생보다 몸집이 작은 경우가 항다반사이다. 하지만 형만 한 동생 없다고, 대체로 형이 동생에 비해 듬직하고 이해심이 많은 편이다. 어디 달걀이며 사람뿐일까. 고령에는 규모 면에서는 동생의 십분지 일에도 미치지 못하지만 톡톡히 형님 노릇을 하고 있는 절이 있다. 합천 해인사의 큰집 격인 반룡사다. 해인사가 법보종찰(法寶宗刹)로서 워낙에 유명한 사찰이다 보니 반룡사는 그 명성에 가려 세상에 잘 알려져 있지 않을 뿐이다. 아무리 그래도 오뉴월 하루 볕이 무섭다고, 어디까지나 형은 형이고 동생은 동생 아닌가.

반룡사는 '용이 서려 있는 절'이라는 그 이름만으로도 예사로운 절집이 아니다. 쌍림면 용2리 미숭산 남동쪽 기슭에 자리한 천년고찰이다. 1998년 당시 주지였던 일경 스님이 세운 '반룡사 유래기(盤龍寺 由來記)' 표석에 따르면, 신라 애장왕 3년(서기 802년) 해인사 창건 불사를 이곳 반룡사에서 주관하였다고 구전되어 온다는 기록이 있다. 거기에 기댄다면, 반룡사는 해인사보다 역사가 더 오래된 절집이었다는 이야기가 가능하다. 지금은 대구 동화사(桐華寺)의 말사로 위상이 크게 낮아졌지만, 당시만 해도 대단한 사찰이었음을 충분히 미루어 짐작할 수 있다.

사람은 늘 작고 소박한 것보다는 크고 화려한 것에 눈길을 주게 마련이다. 이것은 어쩌면 인지상정일 것도 같다. 하지만 사실 귀하고 소중한 것은 내 주변에 있는 경우가 적지 않은가. 다만 등잔 밑이 어둡다고, 너무 가까이 있어서 놓치기 십상일 뿐이다. 반룡사도 바로 그런 곳이 아닌가 한다. 작아서 아름답고 작아서 소중하다. 그래서 더욱 정이 가고 마음이 머물게 되는 절집이다. 이태 전, 사십년 가까운 도시생활을 청산하고 반룡사 코밑으로 삶터를 옮긴 뒤로는 전보다 더 자주 이 천년고찰을 찾는다. 거기 대적광전의 비로자나부처님을 배알할 때마다 내 곁에 이런 유서 깊은 절집이 자리하고 있어서 얼마나 고마운지 모르겠다. 그러고 보니 반룡사를 찾은 지가 한참 된 것 같다. 내일은 열 일 제쳐 두고 한번 참배를 하고 와야겠다. 부처님의 자비로운 미소로 세사에 찌든 마음의 때가 조금은 씻겨 내려갈 것 같다.

05 萬南齋

만남재 | 어사 박문수를 만나다

'평지마을의 느티나무'라는 글이 세상에 나가고 난 뒤 얼마되지 않아서였다. "평지마을에는 느티나무만 있는 것이 아닙니다. 만남재도 있는 걸요." 지역의 어느 기념식 자리에서 만난 이가 자신을 고령 박씨 박 아무개라고 소개하면서 만남재 이야기를 꺼낸다. 그러면서 그곳이 암행어사 박문수와 관련이 있는 곳이라는 말도 덧붙인다. 박문수, 그가 누구인가. 수많은 설화 속에서 잘못된 판결의 진실을 밝히거나 누명을 쓰고 고통받는 백성들의 억울함을 풀어준 정의의 사도로 추앙받는 인물이 아닌가. 그런 분과 관련 있는 곳이라는 말에 빨려들 듯 호기심이 솟구친다. '만남재'라는 말을 듣는 순간 얼핏 참 재미있는 이름의 고개로구나 싶었다. 꼭 무슨 설화 속에 나오는 재 이름 같다는 생각이 들었다. 서울 가는 초입에 '만남의 광장'이라는 휴게소가 있듯이, 예전 교통이 불편했던 시절 사람과 사람 사이의 만남이 주로 재를 가운데 두고 이루어졌으니, 아마도 어사 박문수가 이 재에서 누구와 만난 일화가 전해져 붙여진 이름이 아닐까 여겨졌다. 알고 보니 그러한 내 예상은 완전히 빗나갔다. 만남재는 만남이 이루어지는 장소도, 그리고 고개도 아니었다. 그것은 '만대산(萬代山) 남쪽에 자리하고 있는 집'이라는, 전혀 상상도 못한 이름이었다.

만남재를 만나 보기 위해 길을 나섰다. 광주대구 고속도로 고령나들목을 빠져나와 쌍림면 안림리 쪽으로 가다 보면 안림교 끝 지점에서 길이 두 갈래로 나뉜다. 거기서 왼쪽으로 접어들어 한 오 리쯤 지나면 오른편으로 샛길이 나온다. 승용차 한 대가 겨우 지나갈 만한 좁다란 길이다. 만남재는 그 길 끝자락에 소나무 숲을 등지고 나부죽이 앉아 있었다. 고령 박씨 중시조인 청하공 박지(朴持)의 묘소를 지키고 문중회의를 열기 위해 지은 재실이라고 한다. 고령 지역에서는 가장 오래된 재실로, 경상북도 유형문화재 제48호로 지정되어 있다. 옛사람들의 자취가 서려 있는 이런 역사적인 곳을 찾아올 때면 퇴계 선생의 시조 한 수가 떠오르곤 한다.

고인도 날 못 보고 나도 고인 못 봬
고인을 못 뵈어도 예던 길 앞에 있네.
예던 길 앞에 있거든 아니 예고 어이리.

역사 속의 인물로 남은 박문수를 잠시 불러내 본다. 박문수의 고향은 물론 고령이 아니다. 그는 충청도 출신이다. 그럼에도 불구하고 그의 선조인 청하공의 묘소가 이곳에 있고 보면, 언젠가는 묘사 같은 문중 행사에 걸음을 하였을지도 모른다. 다만 당시는 지금같이 낱낱이 기록으로 남기기가 쉬운 시절이 아니었으니 그의 세세한 행적을 알 수 없을 뿐이다.

만남재 대청마루에 걸터앉아 상념에 잠긴다. 삼백 년의 세월을 거슬러 올라가 여기 대청마루에서 문중 어른들 앞에 부복하고 있는 박문수의 모습이 환영 속에 떠올랐다가 사라진다. 지금 나는 이곳 만남재를 만나게 된 사연을 생애의 한 장으로 남겨 마음의 사진첩에 소중히 보관하려 한다. 그리하여 먼 훗날 나이 들고 기력이 쇠하여 더 이상 바깥출입이 어려워졌을 때, 사진첩을 들추면서 이날의 감회에 젖어보고 싶다.

도암서원 김면장군 유적지

만남재

반룡사

곽흥렬

경북 고령에서 태어났다. 어린 시절을 산과 들의 품에 안겨 자라다, 큰 고기는 큰물에서 놀아야 한다는 부모님의 지론을 좇아 열다섯 살에 대처로 나와 줄곧 서른여섯 해를 살았다. 스무 남은 해 동안 국어 선생으로 학생들을 가르쳐 오다 2008년 늦가을 고향의 흙냄새, 풀냄새가 그리워 낙향했다. 현재 〈고령신문〉 사외 집필위원으로 활동하며, 평생의 업으로 삼은 수필 창작에 열정을 쏟고 있다.

Walking Meditation
대가야의 산책자

이름 없는 무덤들 사이를 거닐며, 죽어서도 하늘과 가까워지려 했던 사람들을 생각했다. 42년에 태어나 562년에 소멸한 왕국, 그 아득한 생몰(生歿)의 역사를 가늠했다. 지산동 고분군에서는 누구나 사색의 달인이 된다. 대가야의 후예가 된다.

고령에는 사람을 홀리는 무언가가 있다. 사람의 생각으로 미루어 헤아릴 수 없는 어떤 미스터리함이 고장 전체를 에두른다. 에두른다는 말은 수사적인 표현이 아니다. 고령의 읍내에 들어서면 어디서건 주산(主山)이 눈에 걸린다. 해발 310m 산의 완만한 능선을 따라 낙타 혹 같은 봉분들이 리드미컬하게 늘어서있다. 모두 대가야가 성장하기 시작한 400년경부터 멸망한 562년 사이에 조성된 무덤이다. 총 704기의 봉분으로 이루어진 지산동 고분군은 500년 넘게 번영한 고대 국가의 실존을 조용히 웅변한다. 그 소리 없는 외침에는 평지에 조성된 고분에서는 느끼기 어려운 어떤 박력이 서려있다.

수 세기를 버틴 왕들의 무덤은 704기라는 방대한 숫자 때문에 더 아득하게 다가온다. 그것도 지금까지 확인된 것만 그렇다고 하니, 왕과 함께 순장된 사람들을 더하면 그야말로 수천 명의 대가야인들이 무덤 속에서 마을을 굽어보고 있는 셈이다. 언덕처럼 거대한 봉분들 사이를 걷다 보면 자연스레 물음표가 뜬다. 그 옛날에 무슨 수로 산등성에 무덤을 올렸을까? 돌은 어떻게 옮겼으며 흙은 대체 어디서 가져왔을까? 설상가상, 무덤 주인들은 이름조차 알 길이 없다. 지금껏 이름이 밝혀진 왕은 47호분의 금림왕이 유일하다. 봉분들은 크기만 다를 뿐 생김새도 그다지 특징이 없다. 그러니 서로를 구분하는 일 또한 별무소용이다. 이스터 섬의 모아이 석상처럼 모든 것이 불가사의하다.

크고 작은 고분들 사이를 타박타박 걷다 보면 1,600년 전 대가야가 성큼 다가와 여행자의 마음을 흔든다. 우리나라에 이런 곳이 있었나, 입이 딱 벌어지는 순간도 여러 번이다. 떠도는 말로는 수많은 시인과 소설가가 이곳에서 영감을 얻어간다고 한다. 유명 소설가인 누군가가 고령의 고분을 소재로 집필을 시작했다는 이야기도 들린다. 수 세기 전 조성된 무덤 수백 기가 지석도 없이 늘어서 있으니 그럴 법도 하다. 문외한인 나조차 이렇게 마음이 들뜨는데 문인들이야 오죽할까. 순후한 바람이 부는 초여름, 고분을 뒤덮은 이름 모를 꽃들이 희미하게 몸을 흔든다. 무명의 들꽃들이 무명의 고대인들을 부드럽게 호위한다. 높고 신령스러운 땅, 고령(高靈)의 유구한 유전자가 여기에 있다.

01

The King's Way

'왕 의 길'을 걷 는 즐 거 움

"똑같은 계절이어도 갈 때마다 표정이 달라요." 식당에서 만난 토박이 노인이 휴대폰에 저장된 고분 사진을 보여 주며 말한다. 손가락으로 여러 장의 사진을 분주히 넘기는 그 모습이 자식 자랑하는 부모처럼 해맑다. 고령 군민들에게 지산동 고분군은 눈이 오면 눈이 와서, 안개가 끼면 안개 때문에 부러 찾는 일상적 산책로다. 날마다 얼굴을 바꾸는 고분 풍경은 외지인은 물론 현지인에게도 이따금 생경한 감흥을 불러일으킨다. 누군가에게는 초여름 신록에 물든 연둣빛 고분이, 누군가에게는 늦가을 석양에 잠긴 오렌지빛 고분이 오늘의 새로운 발견이 된다. "아직도 못 본 고분이 많다"는 건 이 동네 사람들의 입버릇 같은 말 중 하나다.

'왕의 길'로 불리는 트래킹 코스는 보통 대가야박물관 쪽에서 시작한다. 출발점인 박물관 옆길은 조금 오르막이지만 이후부터는 길이 완만하게 닦여있어 정상까지 힘들이지 않고 올라갈 수 있다. 2km 남짓한 산책로라 설렁설렁 걸어도 왕복 1시간이면 충분하다. 울울창창한 숲을 끼고 가파른 길을 오르다 보면 봉분을 닮은 돔 형태의 건물이 나타난다. 우리나라 최초로 확인된 대규모 순장무덤인 지산동 44호분 내부를 실물 크기로 재현한 대가야왕릉전시관이다. 고분들 중 가장 큰 44호분과 45호분의 축조 과정 또한 모형으로 전시하고 있어 출발 전에 들르면 좋은 예습이 된다.

오르막을 지나자마자 능선을 따라 봉긋봉긋 솟은 고분들이 연이어 모습을 드러낸다. 고분에는 망자의 이름 대신 번호를 적어 넣은 표지석이 세워져 있다. 어디서 오르느냐에 따라 일련번호가 앞당겨지기도, 늦춰지기도 한다. 대가야인들은 산 돌출부에 흙을 높이 쌓아 올려 고분을 만들었다. 그렇게 하면 무덤이 실제보다 더 크고 신성해 보이기 때문이다. 정상으로 갈수록 무덤 규모가 커지는데 이는 지위가 높은 권력자일수록 높은 곳에 보전되었음을 뜻한다. 오늘날에는 조상보다 더 위쪽에 묘지를 조성하지 않는 것이 일반적이지만 당시에는 권세가 강한 후대로 갈수록 무덤을 위쪽에 만들었다.

말끔하게 이발한 봉분 하나를 손으로 쓸어내리자 까슬까슬한 촉감이 잠잠했던 감각을 깨운다. 낙동강에서 불어오는 서늘한 강바람이 풀들을 부드럽게 눕힌다. 희붐한 새벽안개가 꼬리를 빼며 무덤과 무덤 사이를 유영한다. 너나없이 휴대폰 카메라를 꺼내드는 시간. 마음 급한 이 방인들은 우람한 무덤을 작은 화면에 가두려 뒷걸음질치기 바쁘다.

고령 사람들에게 지산동 고분군은 고향의 직접적인 은유다. "어릴 때는 고분 근처에서 주운 토기로 친구들이랑 비석치기 하고 놀았어요." 천년 넘은 토기로 비석치기라니, 해설사의 무심한 한 마디에 실소가 터진다. 동시에 우리의 눈은 부지런히 바닥을 훑는다. 놀랍게도 정말 화투장만한 토기 조각들이 땅에 널려있다! 일행 중 한 명이 물결무늬가 또렷이 찍힌 토기 조각을 발견하고는 믿을 수 없다는 듯 연신 손바닥을 내려다본다. 곁에 있던 나는 모서리를 잘 다듬어서 목걸이로 만들면 상품화하기 좋겠다고 너스레를 떨었다. 고대 왕국의 위대한 유산 앞에서 이런 장사치 같은 발언이라니, 서울내기들은 참 어딜 가도 촌티가 난다.

02

Thinking Path
순 장 이 라 는   미 스 터 리

고분의 번호만으로 동서남북을 가늠하는 건 고령 토박이들의 신묘한 능력 중 하나다. 히말라야 등반을 돕는 셰르파처럼 막힘 없이 산을 오르던 해설사가 정상 부근에서 우뚝 멈춰 섰다. 지름 20미터가 넘는 대형 고분 한 쌍이 우리를 압도했다. 우리나라 최초로 발굴된 순장무덤인 44, 45호분이다. 지산동 고분군에서 학술적으로 가장 의미 있는 무덤으로, 특히 44호분의 경우 1977년 발굴 당시 이미 도굴 당한 상태였음에도 우리나라에서 가장 많은 순장자가 발견되어 세간에 충격을 던졌다. 32기의 순장곽에서 발굴된 40여 명의 순장 인골 중에는 여덟 살짜리 아이를 안은 어른도 있었다. 그렇다. 고령 여행에서 우리를 가장 불편하게 만드는 것. 바로 순장 문화다.

대가야의 왕은 살아서도 왕, 죽어서도 왕이었다. 살아생전 왕을 모시던 사람들은 왕이 죽으면 함께 무덤 속으로 들어가야 했다. 시종, 무사, 창고지기, 마부, 장군 등 다양한 직능의 사람들이 한꺼번에 순장됐다. 사람뿐 아니라 왕의 저승살이에 소용되는 부장품도 풍성하게 껴묻었다. 덕분에 왕릉급 무덤인 44호분에서는 장신구, 철제 무기, 마구, 토기 등 대가야 양식 유물이 우르르 출토되기도 했다. 이를 계기로 비로소 대가야의 역사가 빛을 보게 되었으니, 결과적으로 순장이 무언의 기록이 된 셈이다.

대가야의 왕과 귀족들은 산신의 후예들답게 죽어서도 높은 산 위에 묻히기를 고집했다. 해설사의 설명 중 "무덤 한 구를 산에 올리는데 1년 동안 약 5천 명의 인력이 동원됐다"는 문장이 유난히 귀에 박힌다. 왕이 죽으면 시신을 가매장하고 그제야 무덤을 축조했다고 하니, 순장자들은 무덤이 완성되는 1년 동안 사형수와 같은 삶을 살았을 것이다. 그들은 어떻게 죽었을까. 순순히 운명을 받아들였을까, 아니면 통한의 눈물을 뿌렸을까. 두려워 도망치는 사람은 없었을까. 일행 중 몇몇이 잔인하다며 진저리를 치자 해설사가 다독이듯 말을 이었다. "멀쩡히 살아있는 사람들을 강제로 묻어 놓았을 것 같지만 꼭 그렇지만은 않아요. 기록을 살펴보면 대체로 순응했다는 것을 알 수 있지요. 당시는 철저한 계급사회였던 데다 내세에 대한 믿음도 강했으니까요. 낙동강만 건너면 바로 신라 땅이었음에도 달아난 사람이 거의 없었어요." 흔히들 순장을 생매장쯤으로 여기기도 한다. 그러나 대가야의 경우 사후 매장의 흔적도 자주 나타난다. 발굴된 두개골에 구멍이 나 있는 경우도 있고, 유골이 비교적 가지런한 형태로 발견되기도 한다. '타살 후 순장'을 짐작케 하는 부분이다. 저 멀리 굼실굼실 늘어선 고분들의 행렬이 눈에 들어온다. 숲을 빼곡히 채운 고분도, 그 사이를 굽이치는 길도 전과는 다르게 다가온다. 여전히 어두컴컴한 고대 왕국의 사정을 더듬으며 발걸음을 옮긴다. 이러지도 저러지도 못하는 측은지심을 그림자처럼 달고서.

비탈길을 좀 더 오르다 보면 지름 30~40m 규모의 대형 고분 다섯 기가 열 지어 서있다. 이 고분들은 가장 위에 있어 1~5호분으로 불린다. 여기부터가 진짜 '왕의 길'인 셈이다. 내려오는 길, 천막으로 덮어둔 땅이 자주 눈에 밟힌다. 1970년대 후반부터 시작된 발굴 작업은 여전히 현재진행형이다. 고분 발굴에 적지 않은 비용이 들기 때문이다. 일제강점기에 시행된 무자비한 도굴로 인해 남아 있는 유물이 많진 않지만, 봉분이 없는 작은 무덤까지 합하면 아직도 수천 기의 고분이 산속에 잠들어있을 것으로 추측된다.

해가 떠오르자 여름의 잔디로 뒤덮인 고분들이 청청한 빛을 발하기 시작했다. 황금 띠를 두른 왕들의 무덤을 우러르며, 자신이 만든 곽 속에 몸을 뉘였을 무명의 사람들을 생각했다. 우리가 영영 모를 대가야. 돌아서는 등 뒤로 망자들의 목소리가 우렁우렁 번지는 듯했다.

지산동 고분군
📍 대가야읍 지산리 산23-1
📞 054-950-6323

ⓒ고령군청

The King's Way
Tumulus Trekking

왕의 길 고분 트래킹

A코스 2.5km(60분)
주산체육관 – 주산산림욕장 – 주산성 – 1호 고분 –
44호 고분 – 대가야박물관

B코스 1.5km(30분)
대가야박물관 – 대가야 통문 – 450호 고분 –
대가야고분전망대 – 인빈관 – 대가야역사테마관광지

Information

'왕의 길'을 만끽하기 위한 추천 여행지

① **주산성**
주산 정상부에는 대가야인들이 유사시를 대비해 석축으로 쌓은 산성이 아직도 남아 있다. 대가야 시대의 대표적인 산성으로 내성과 외성이 이중으로 성을 이룬다. 대가야읍이 한눈에 내려다보이는 전망 포인트. 사적 제61호.
📍 대가야읍 지산리 산54-1 일대

② **고령향교**
주산 동쪽 기슭에 대가야 왕들이 살았던 궁성지로 추정되는 곳이 있다. 현재 고령향교가 자리한 연조리 일대다. 고령향교는 조선 초인 1414년(태종 13)에 건립된 이래 네 차례나 옮겨져 현재 위치에 정착했다. 신라·고려시대에는 불교사원으로, 조선시대에는 유교 교육기관으로 바뀌며 유구한 역사를 이어가고 있다.
📍 대가야읍 향교길 29-18
📞 054-950-6324
🏠 www.gohanggyo.co.kr

③ **왕정**
대가야 왕들이 마셨다 하여 '어정' 또는 '왕정(王井)'이라 부르는 우물이다. 뚜껑돌을 덮고 앞을 터놓은 형태로, 그리 깊지 않지만 사철 일정하게 물이 샘솟는다.
📍 대가야읍 왕정길 10 (고령초등학교 내 위치)

④ **고아동 벽화고분**
가야지역 유일의 벽화 고분으로, 1963년 해방 후 남한에서 처음 발견되었다. 대부분의 대가야 무덤과 달리 추가로 사람을 안치할 수 있도록 만든 이른바 굴식 돌방무덤이다. 벽면에는 진흙과 조개를 이겨 회를 발라 미장했으며, 천장에는 아름다운 연꽃그림이 그대로 남아있다. 사적 제165호.
📍 대가야읍 고아리 산13-1

⑤ **대가야박물관**
고령의 선사시대 유적을 비롯해 대가야 문화의 정수를 보여 주는 금관, 토기, 무기, 마구 등 2,000여점의 유물을 전시하고 있다. 한 장의 관람권으로 대가야역사관, 대가야왕릉전시관, 우륵박물관을 모두 둘러볼 수 있다. 대가야역사관은 전시시설 개편과 리모델링 공사로 인해 2020년 4월까지 휴관 예정이니 참고할 것. 대가야왕릉전시관은 국내 최초로 확인된 대규모 순장무덤인 지산동 44호분 내부를 원래 모습 그대로 재현해놓은 곳으로 무덤의 구조와 축조방식, 왕과 순장자들의 매장 모습, 부장품의 종류와 성격 등을 살펴볼 수 있다.
📍 대가야읍 대가야로 1203
📞 054-950-7103
🏠 www.daegaya.net
🕐 하절기(3~10월) 9:00~18:00 / 동절기(11~2월) 9:00~17:00, 매주 월요일 휴관
₩ 일반 1,000원, 청소년(만7세~만 18세) 700원, 유아 및 노인 무료(2020년 3월까지)

⑥ **대가야역사테마관광지**
토기와 철기, 가야금 문화를 찬란하게 꽃피웠던 대가야의 역사를 테마로 조성된 관광지다. 대가야체험관, 대가야시네마 등을 비롯해 통나무로 지은 왕가마을펜션, 인빈관, 캠핑장, VR체험관, 카페, 관광기념품점 등의 시설을 갖추고 있다.
📍 대가야읍 대가야로 1216
📞 054-950-7002~8, 7030
🏠 www.daegayapark.net
🕐 하절기(3~10월) 9:00~18:00 / 동절기(11~2월) 9:00~17:00
₩ 무료

A Song of the Strings
현의 노래

안동에 하회탈이, 강진에 고려청자가 있다면 고령에는 가야금이 있다. 악성 우륵의 고장이자 가야금의 본향인 이곳에서 꼭 만나야 할 사람을 만났다.

"우륵은 금을 무릎에 안았다. 우륵이 오른손으로 맨 윗줄을 튕겼다. 소리는 아득히 깊었고, 더 깊고 더 먼 곳으로 사라져갔다.
우륵의 왼손이 사라져가는 소리를 들어올렸다. 소리는 흔들리면서 돌아섰고, 돌아서면서 휘어졌다."

– 김훈 〈현의 노래〉 중

소설 〈현의 노래〉는 악성 우륵의 생애를 통해 멸망하는 가야국의 현실을 그린다. 작가는 가야와 신라사에 대한 꼼꼼한 사료 조사를 바탕으로 수세기 전 대가야의 삶을 생생하게 재구성한다. 소설에서 우륵은 조국인 가야가 쇠락하자 신라 장군 이사부 앞에 무릎을 꿇은 뒤 이렇게 간청한다. "신라가 가야를 멸하더라도 신라의 땅에서 가야의 금을 뜯을 수 있게 해주시오. 주인 있는 나라에서 주인 없는 소리를 펴게 해주시오."
〈삼국사기〉에 따르면 대가야에서 태어난 우륵은 본래 당나라 악기인 '쟁(箏)'을 연주하던 가야국의 궁중 악사였다. 그는 탁월한 연주가이자 작곡가이기도 했다. 중국의 쟁을 본떠 가야금을 만든 가실왕은 어느 날 우륵을 불러 말했다. "우리나라는 중국과 말도 다르고 풍습도 다른데 어째서 음악이 같아야 하는가. 그대가 이 악기로 새로운 우리 음악을 만들어 보라." 대가야의 가실왕은 칼이 아닌 음악으로 분열된 가야를 통일하고자 했던 문화적 성군이었다. 우륵은 그 뜻을 받들어 가야 지역의 음악적 특징을 담은 12곡을 만들어 바쳤다. 그러나 가야국이 매우 혼란해지자 우륵은 신라로 망명해 진흥왕의 수하로 들어갔다. 그리고 진흥왕이 보낸 세 제자에게 자신의 가야금 곡을 전수했다. '소리'를 지키기 위해 모국을 멸망케 한 적국에 투항한 것이다. 그의 눈물겨운 선택이 없었다면 지금의 가야금 또한 존재하지 않았으리라.
가야금(伽倻琴)은 '가야국의 현악기'라는 뜻을 담고 있다. 가야국의 '가야(伽倻)'에 현악기의 순 한글 옛말인 '고'를 합쳐 원래는 '가야고'라 불렸다가 후에 현악기를 뜻하는 한자어 '금(琴)'을 써서 가야금이라 불리게 되었다. 가야금은 오동나무로 만들며 12개의 현은 명주실로 제작한다. 현을 지탱하는 나무궤는 기러기 발을 닮았다 하여 안족(雁足)이라 부른다. 현악기를 연주할 때 중국에선 탁자에 올려놓고, 일본에선 다다미에 올려놓는 것과 달리 가야금은 무릎 위에 올려놓고 연주한다. 2018년 작고한 가야금 명인 고(故) 황병기 선생은 "악기가 사람의 피부와 직접 접촉하니 줄과 육체가 연결되어 심금을 울리는 소리가 나온다."고 했다. 금속줄로 된 서양 현악기가 화음을 통해 소리를 벽돌처럼 쌓아간다면 가야금은 음 하나하나가 여음이 있어 풍부하면서도 애수를 띤 잔향을 남긴다. 고대에 가장 막강한 철제무기를 생산했던 대가야가 한편에서는 이토록 정교한 악기를 만들어냈다니 그저 탄복할 뿐이다.

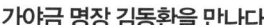

가야금 명장 김동환을 만나다

가야금은 어떻게 만들까? 그 특유의 울림과 떨림은 어디서 기인하는 걸까? 모르는 것 투성이에 궁금한 것만 많은 여행자의 발길은 자연스레 우륵국악기연구원으로 향했다. 중요무형문화재 제42호 김동환 명장이 있는 곳이다.

보이지 않는 곳에서 헌신하는 장인들이 대개 그렇듯, 명장의 눈에는 태산 같은 겸허함과 자부심이 함께 어려 있었다. 주변에 국악 하는 어른이 많아 자연스레 가야금의 세계에 빠졌다는 그는 21살 때부터 본격적으로 가야금 제작을 배우기 시작했다. 스승인 고흥곤 선생의 가르침 아래 대팻날 가는 법부터 명주실 꼬는 법까지 기초부터 차근차근 습득했다. 그리고 2006년 독립 후 스승의 권유로 이곳 고령에 터를 잡았다. 가야금의 본향을 찾아 도시에서 내려온 것이다.

우륵박물관 옆에 자리한 그의 공방에는 한쪽 면을 볼록하게 다듬은 오동나무 판들이 줄지어 서있었다. 바닥에는 두툼한 명주실 타래와 돌돌 말린 대팻밥이 뒹굴었다. 얼레를 돌려 실을 감던 명장이 조용히 운을 뗐다. "모든 공정은 수작업으로 이루어집니다. 한 대의 가야금을 만들기 위해서는 200여 개의 공정이 필요하지요. 최소 1,000번 이상 손이 가는 작업입니다." 가야금 제작 과정을 짧게 요약하면 다음과 같다. 먼저 30년 이상 된 오동나무를 울림통의 크기에 맞게 자르고 대패로 다듬어 햇볕에 건조시킨다. 다음에는 인두질로 겉면을 그을려 나무 안에 남아있는 곤충과 습기를 잡아내고 나뭇결을 정돈한다. 마지막으로 울림통에 줄을 거는 현침(絃枕)과 꼬리 부분인 봉미(鳳尾) 등을 만들어 붙인 다음 줄을 걸고 안족을 끼우면 완성이다.

그에게 악기 제작에서 가장 중요한 것이 무엇이냐고 묻자 단칼에 "나무"라는 대답이 돌아왔다. 도시의 성질 급한 장인들이 15년도 안된 나무를 잘라 쓰고 건조 과정을 건너뛰는 것과 달리 그는 최소 30년 된 오동나무를 다시 5년간 건조시키는 과정을 고집한다. 나무가 눈과 비바람을 견디며 온전하게 제 몸을 비워내야 소리의 변화가 없고 뒤틀림이 방지되기 때문이다. 아무리 기술이 좋아도 타고난 나뭇결을 고쳐 잡을 순 없으므로 애초에 좋은 나무를 쓰는 것이 중요하다. "요리랑 똑같아요. 재료가 좋아야 좋은 소리가 나오지요. 5년 이상 건조시키면 나무의 숨구멍이 열려요. 좋은 나무는 두들기면 북소리가 납니다." 이렇게 정성 들여 건조시킨 나무 중 연주자용 가야금에 사용할 수 있는 건 10% 정도밖에 되지 않는다. 대부분 건조 과정에서 썩거나 흠이 생기기 때문이다. "좋은 나무를 만난다 해도 100% 완벽한 소리를 찾는 건 불가능합니다. 나무도 사람이랑 똑같아서 다 자기만의 개성이 있거든요. 두들기고 깎는 과정을 수없이 반복하면서 나무통의 공명을 느끼고 그에 맞는 두께를 찾아줘야 하는데, 쉬운 일은 아니에요. 완벽한 정답을 찾기 어려우니 최대한 근사치에 맞추는 수밖에요." 명인은 답변 끝에 "쉬운 일은 아니다"라는 말을 자주 덧붙였다. 32년째 이 일을 하고 있는 그도 여전히 10대 중 한 대 꼴로 완성품이 나올 정도라고 하니 소리를 '찾는' 일이 얼마나 고될지 짐작하고도 남는다. 타고난 손재주도 중요하지만 그에 앞서 스스로에게 냉혹한 구도자 같은 자세가 필요한 작업이다.

우륵국악기연구원
📍 대가야읍 가야금길 98
📞 054-955-4228

오늘날 가야금은 크게 세 종류로 나뉜다. 민속음악을 연주하는데 쓰는 전통적인 정악 가야금과 신라 이전부터 쓰인 산조 가야금, 기본인 12줄을 고쳐 17, 18, 21, 25현 등으로 쓰는 개량 가야금이 그것이다. 김동환 명장은 이 세 가지를 모두 제작한다. 덕분에 이름난 대학 교수부터 아마추어 연주자까지 다양한 사람들이 그에게 작업을 맡긴다. "악기라는 게 참 재미있어요. 똑같은 악기라도 연주하는 사람에 따라 소리가 완전히 달라지거든요. 악기는 연주자와 궁합이 잘 맞아야 합니다. 그러려면 연주자의 주법과 성향을 모두 따져봐야 하는데 이 또한 쉬운 일이 아니지요." 현재 공방을 지키는 사람은 단 세 명. 들어보니 그 중 한 명은 가야금 제작을 배우기 위해 서울에서 찾아온 20대 작업자라고 한다. 이런 젊은이가 많아지면 참 좋겠지만 현실은 녹록지 않다. 패기만만하게 찾아왔다가 며칠 버티지 못하고 그만두는 사람이 부지기수다. "재능에 따라 차이는 있겠지만 저는 어떤 악기든 제대로 만들려면 최소 10년은 배워야 한다고 생각해요. 물론 5년만 배워도 '만들 수는' 있어요. 저도 그럴 줄 알고 멋모르고 덤볐던 사람 중 하나니까요. 하지만 가야금을 '제대로' 만들기는 쉽지 않습니다. 알면 알수록 오히려 어려워지거든요." 시대의 변화에 얼마나 장단을 맞춰야 하는지도 그를 고민하게 만드는 주제다. 전통적으로 자연 재료를 고수해온 가야금이 최근 서양 악기의 영향을 받아 명주실 대신 쇠줄을 쓰는 등 조금씩 개량되고 있기 때문이다. "바이올린 제작자들 사이에서도 10여년 전부터 전통과 개량이 치열하게 싸우고 있다고 해요. 정답은 없는 것 같습니다. '정통'이라는 것도 정확히는 알 수 없는 부분이 많으니까요." 마지막으로 이루고 싶은 목표를 묻자 명장의 입가에 희미한 미소가 걸렸다. "처음엔 많았는데 지금은 대부분 사라졌어요. 그냥 제 악기를 많이 써주시고 즐겁게 연주해주시면 그걸로 충분합니다. 언젠가 서울에 계신 교수님이 저에게 제작을 의뢰한 적이 있는데, 전해들은 바로는 "이제야 평생 쓸 악기 만났다"며 무척 기뻐하셨다고 해요. 그럴 때 정말 보람을 느낍니다."

Information
가야금 만들기 체험

가얏고마을에서는 가야금을 직접 연주하고 만들어볼 수 있는 체험 프로그램을 운영하고 있다. 가야금 연주 체험은 1인당 7,000원으로 10명 이상 예약 가능하며, 가야금 제작 체험은 매년 두어 차례에 걸쳐 미리 신청을 받은 후 가족 단위로 진행한다. 체험단은 매 기수당 15가족으로 구성되며 가격은 600,000원이다.

- 대가야읍 정정골길 55
- 054-956-1799(가야금 연주 체험), 054-950-6313(가야금 제작 체험)
- www.gayatgo.net

New Wave of Daegaya
대가야의 뉴웨이브

옛 시장 한복판에는 정성껏 로스팅한 예가체프 원두로 커피를 내리는 집이 생겼고, 학생이 없어 문을 닫은 폐교는 야외 예식장을 겸한 캠핑장으로 탈바꿈했다. 가야산 아래 오픈한 창고형 카페에서는 프랑스 발효버터로 만든 다쿠아즈를 맛볼 수 있다. 요컨대 고령은 조금씩 젊어지는 중이다.

전홍태 커피
📍 대가야읍 시장3길 29 나동219호
📞 010-3806-3219
📷 @jeonhongtae_coffee

고령의 식당에서 우연히 옆에 앉은 한 아저씨가 학창시절 얘기를 늘어놓았다. 고령에서 3대째라는 그는 "내가 국민학교 다닐 때는 방학숙제가 '유물 찾아오기'였어요."라며 웃었다. 이때만해도 괜한 허풍쯤으로 치부했는데, 터미널에서 잠시 만난 촌로 역시 "옛날에는 땅만 파면 유물이 나왔어요."라며 비슷한 이야기를 했다. 6가야 중 하나인 대가야의 도읍지였다는 사실은 역사도시 고령의 자부심이다.

그러나 사람은 역사를 마시고 살지 않는다. 현대의 사람은 아이스 아메리카노를 마시고 산다. 이탈리아까지 가서 스타벅스를 찾듯, 도시를 벗어나도 커피며 디저트를 그리워한다. 고령의 역사를 돌아보며 시골의 정취에 흠뻑 빠져있던 그날도 그랬다. 한여름 장터에서 콩물국수를 한 입에 털어 넣고, 뒷고기에 소주 한잔 마시고 나니 커피 생각이 간절했다. 시장 상인들에게 물으니 하나같이 "시장 안에 커피 잘하는 집이 있어요"라고 귀띔했다. 그들이 가르쳐준 길을 따라 어물전이 있는 골목에 들어서니 '고령 커피의 프론티어' 전홍태 씨가 정돈된 몸짓으로 커피를 내리고 있었다.

커피는 이해할 수 있는 커피와 이해할 수 없는 커피로 나뉜다. 바리스타가 왜 이런 커피를 내렸는지 그 마음과 철학이 절절히 와 닿는 경우가 있고 그렇지 않은 경우가 있다. 콩을 선택하고 로스팅하고 블렌딩하는 과정에서 바리스타의 가치관과 취향이 수없이 영향을 미치기 때문이다. 전 씨가 차분하게 내린 커피는 쓴맛이 과하지 않고, 부드러우면서도 산도가 적당해 상쾌함을 돋웠다. 원두를 물어보니 내추럴 방식으로 가공한 예가체프를 베이스로 케냐와 과테말라 산을 섞어 자신만의 커피를 만든다고 한다. 특히 대부분의 원두를 스페셜티급으로 사용하는 게 중요하다고. 4년 전 축산 공무원을 그만두고 커피에 뛰어든 그는 "스페셜티급 이상이 아니면 뭔가를 표현하려 해도 결국 일반적인 커피 향이 나더라고요."라고 말했다. 이런 곳이 고령 장터 한복판에 있다는 것도 놀라운데, 어떻게들 알고 찾아오는지 카페는 사람이 끊이질 않는다. 잠시 이야기를 나누는 동안에도 전 씨는 계속 원두를 갈고 커피를 내렸다. 드립 커피 문화가 아직 제대로 싹트지 않은 고령의 읍내에 그가 새로운 문화를 전파하면서 '섬세한 커피'에 대한 갈증이 고령에 번지기 시작했다. 전 씨는 "모든 문화가 그렇듯 아는 만큼 즐길 수 있는데, 고령에서 이제 막 커피를 배우고 즐기려는 사람들 위주로 작은 커뮤니티가 생기고 있어 기쁩니다"라고 말했다. 동행한 포토그래퍼가 그의 사진을 찍자 옆에 있던 한 손님이 "너무 유명해지면 안 되는데"라고 걱정한다. 단골 가게를 빼앗기고 싶지 않은 그 마음을 우리는 너무도 잘 안다.

징검다리연구소
우곡면 도진3길 26-13 054-956-5850 www.zingumdari.com zingumdari

고령에는 수도권의 그 어느 곳에 견주어도 뒤처지지 않을 만큼 실험적인 공간도 있다. 우곡면에 있는 '징검다리 연구소'가 대표적이다. 이름만 들어서는 뭘 하는 곳인지 짐작이 가지 않는 이 연구소에서는 다양한 특기를 가진 한 가족이 모여 각각의 작업장을 공유하고 있다. 1999년 우곡초등학교에 흡수된 도진분교는 2013년 폐교된 후 5년 간 방치된 상태였다. 봄이면 교정으로 들어서는 좁은 길목에 벚꽃 나무가 흐드러지게 폈고, 아담한 학교 건물은 주변 경관을 넉넉히 끌어안았다. 이런 학교가 버려진다는 건 가슴 아픈 낭비였다. 다행히 이 폐교를 눈여겨봐둔 사업가가 있었으니, 지난 2018년 여름 김보경 대표가 도진분교를 임대했다. 그는 이곳에서 인공으로 조성한 실내 공간에서 친환경 무농약 채소를 키우는 '스마트팜' 기기를 개발하고 미래형 먹거리로 주목 받는 밀웜('고소애')을 키울 작정이었다. 그러나 학교는 밀웜 연구소로만 쓰기에는 지나치게 넓고 아름다웠다. 서울에서 커리어를 쌓고 있던 그의 가족들이 하나 둘 고령으로 내려왔다. 가족 모두가 운영하는 복합문화공간을 만들 계획이었다. 우여곡절이 많았다. 관공서로부터 임대 받은 건물이라 못 하나 박는데도 허가를 받아야 했고, 뭐라도 철거하려면 전화부터 하고 문서를 작성해야했다. 오래된 건물이라 도면에 있는 수치가 부정확해 하나하나 실측하며 개보수를 진행했다. 다행히 오래된 건물이라 많이 꾸미지 않은 건물 그대로의 느낌이 좋았다. 초등학교 건물에 원래 있던 창틀과 문틀, 화장실의 타일 등은 그대로 두고 고장 난 것들만 보수해 때를 빼고 광을 냈다. 건물 외관은 화이트와 민트 색상으로 레트로한 느낌을 살렸다. 아들 부부가 지난 5월 5일 도진초등학교 운동장에서 본인들의 첫 결혼식을 올리고, '사랑 그리다'라는 이름으로 웨딩 사업을 시작했다. 부부는 "결혼식 전날 새벽까지 손님 맞을 준비를 하느라 신부대기실을 손수 꾸며야 했어요"라며 수줍게 웃었다. 그 달 말에는 김 대표의 아들 내외와 딸이 힘을 모아 학교 건물 1층 입구 바로 옆에 카페 '드로우커피'를 열었다. 교실 두 개를 서로 다른 컨셉으로 꾸며 독립된 공간으로 나눴다. 모두 합해 마흔 평 가량의 널찍한 카페가 탄생했다. 패션을 전공한 딸 역시 카페 일만 도와주는 건 아니다. 2층 한편에 자리한 아뜰리에는 그가 옷을 짓고 디자인하는 작업 공간이다. 자녀들은 엄마가 스마트팜에서 키운 채소를 가져다가 샐러드며 샌드위치 등에 넣어 판다. 두 개로 분리된 카페 공간 중 하나는 결혼식이 열리는 주말이면 신부 대기실로 변신한다. 딸은 작업이 없는 날이면 1층 카페에서 일을 돕는다. 가을부터는 실내에 대규모 샤워시설을 갖추고 캠핑장을 운영할 예정이다. 아닌 게 아니라 세월이 쌓인 교정답게 거대한 수목이 운동장을 감싸고 있어 텐트 치고 놀기에 최적이다. 한 가족이 폐교를 활용해 작은 생태계를 만든 셈이다.

퐁텐블루
덕곡면 덕운로 837 / 070-8801-2416 / @cafe_fontainebleau

작은 생태계를 만드는 가족은 또 있다. 덕곡저수지에서 읍내로 흘러가는 소가천의 강물을 따라가다 보면 블루 블랙 철재로 감싼 현대적인 모양새의 창고형 건물이 눈에 들어온다. 올해 문을 연 카페 '퐁텐블루'다. 덕곡면은 고령에서도 자연과 가장 가까운 마을 중 하나인데, 그 자연과 대비되는 도회지의 감성이 물씬 풍긴다. 인테리어 마감재와 테이블, 의자 등의 가구 선택 어느 하나 세련되지 않은 것이 없고, 화장실 세면대의 수도 밸브 하나까지 취향의 통일성이 있어 흡사 성수동의 창고형 카페에 들어온 듯한 착각에 빠진다. 외관상 도시와 다른 점이라면 뻥 뚫린 가게 측면의 유리창 바깥으로 가야산과 소가천이 병풍처럼 펼쳐져 있다는 점 정도다. 물론 그 안에는 더 매력적인 사연이 숨어 있다. 퐁텐블루의 황은혁 대표가 고령에 자리 잡은 건 먼저 귀농한 친정 부모 덕이 반, 두 아들 덕이 반이다. 대구에서 공무원 생활을 마친 황 대표의 부모는 퇴직하기 10여 년 전부터 평소 즐겨 찾던 가야산 인근에 두 번째 인생의 터전을 준비했다. 수익에 큰 기대 없이 작은 농사를 짓고 싶었던 황 대표의 부모가 덕곡에 양봉장과 블루베리 농장을 차린 게 약 6년 전이다. 그 사이 수도권에서 두 아들을 낳아 기르며 미세먼지, 알러지와의 전쟁에 지친 황 대표는 어느 날 '내가 왜 도시에서 아이들에게 이 고생을 시키고 있나' 생각하게 되었다고 한다. 카페를 열기로 마음 먹고 꾸준히 베이킹을 배워 가게를 연 게 지난 6월의 일이다. 이제 그는 아버지가 키운 블루베리를 이용해 블루베리 스무디를 만들고 아버지가 직접 양봉한 벌꿀로 달콤한 크림커피와 꿀맛 아인슈페너를 탄다. 고령 지역 특산물을 이용해 딸기 스무디, 딸기 주스 등을 메뉴에 올린 걸 보면 그들이 추구하는 새로운 생태계를 엿볼 수 있다. 퐁텐블루에서 맛본 다쿠아즈의 폭신함은 서울의 핫플레이스 카페에 견줘도 떨어지지 않는다. 일단 프랑스산 발효버터만을 고집한다는 점부터 그렇다.

예쁜 카페가 생기는 것만으로 동네에 활기가 도는 것은 고령에서도 예외가 아니다. 고장의 특산물을 활용해 메뉴를 개발하는 것만으로도 애정 어린 관심을 받는다. 대가야시장 근처에 문을 연 '개진감자 고로케'가 그런 경우다. 낙동강은 고령군 개진면과 대구 달성군 현풍읍 사이의 경계를 나누며 동쪽으로 한 바퀴 크게 휘어져 흐른다. 크게 휘는 강의 안쪽인 개진면은 전국 최대의 봄 감자 집산지로 유명하다. 낙동강 물이 쌓아 올린 알칼리성 토질의 사양토(모래참흙)에서 재배해 알이 굵고 식이섬유 함량이 높다. 개진감자는 수미 품종 중에서도 특히 전분질이 많은 것으로 유명하다. 박영선 대표가 이 개진감자를 가지고 경주의 황남빵 같은 특산품을 만들겠다며 시작한 게 개진감자 고로케다. 수미 품종 중에서도 전분이 많은 개진감자의 특성을 살린 고로케를 만들기 위해 부단한 실험을 거쳤다. 두 딸이 엄마와 함께 가게를 이끈다.

개진감자 고로케
📍 대가야읍 대가야로 1299
📞 054-954-0077

카페 에이치테이블(H.table)의 김유진 대표는 지자체의 정책과 본인의 마음이 잘 맞아 떨어진 케이스다. 고령군은 지난 해 처음으로 지역주도형 청년일자리 사업이자 청년유입 정책 '도시청년 시골파견제'를 실시했다. 도시의 청년이 시골에 새로운 아이디어를 들고 가 사업을 벌이겠다고 지원하면 시골 지자체가 투자금을 지원해주는 시스템이다. 이 정책이 김 대표의 마음을 흔들었다. 회사에 다니며 공무원 준비를 하던 그는 '이렇게 살아서는 행복을 찾을 수 없다'는 마음이 들었을 때쯤 고령군의 청년 창업 지원 소식을 들었다. 평소 지인들에게 각종 과일로 청을 담가 나눠주는 게 취미이던 김유진 대표 부부는 '허그칭'이라는 사업명으로 지역 농가의 채소와 과일을 2차 가공한 카페를 기획했다. 덕분에 여행자들은 복숭아, 자두, 자몽, 블루베리, 레몬, 오렌지, 레본히비스커스 등의 수제 청으로 만든 에이드를 '고령에서' 맛볼 수 있게 됐다.

이 모든 것은 불과 몇 년 전만 해도 볼 수 없던 움직임이다. 역사는 관성이다. 관성이 쌓인 고장을 움직이려면 큰 힘이 필요하다. 그 힘의 원천은 늘 그렇듯 젊은이들에게서 나온다. 도시에서 영감을 받은 청년들이 오래된 고장의 더께를 조금씩 걷어내고 있다.

에이치테이블
📍 다산면 상곡길 22-19 상가 3호
📞 010-9098-6456
📷 @h.table_official

Treasures and Antiques
가야의 흔적들

대가야인의 영혼이 깃든 토기와 금관을 오감으로 더듬었다.
시간이 안단테로 흘렀다.

통영이 한국의 나폴리라면 고령은 한국의 로마다. 도시의 거의 모든 장소가 고대의 유산과 신화에 친친 얽혀있다. 지역 전체가 한 국가의 영광과 쇠락을 기리는 거대한 기념비처럼 느껴질 정도다. 고령 여행의 본질은 그러므로 로마 여행의 그것과 크게 다르지 않다. 수세기 역사를 품은 유적과 유물을 찬찬히 살펴보는 것. 문제는 그게 좀 고루하게 느껴진다는 거다. 특히 박물관이 그렇다. 누가 시키지도 않았는데 수첩에 필기라도 해야 할 것 같은 익숙한 중압감. 지루한 수학여행과 귀찮은 방학숙제의 기억도 슬그머니 떠오른다. 서울에 있는 국립중앙박물관도 데면데면한 마당에 '대가야' 박물관이라니 하품이 나올 수밖에. 그러나 고령에서 고분이나 박물관을 그냥 지나치는 건 로마에서 콜로세움이나 바티칸을 건너뛰는 것과 다르지 않다. 맥도날드까지 가서 우유에 핫케이크만 먹고 나오는 격이랄까. 틀린 여행은 아니지만 뒷맛이 허망하다.
다행스럽게도 고령의 박물관은 그리 지루하지 않다. 거기에는 유물을 매개로 시공간을 넘나드는 특별한 즐거움이 있다. 주산의 고분을 둘러본 즉시 고분에서 출토된 금관과 토기를 확인하는 '동기화'의 쾌감도 무시할 수 없다. 토기의 물결무늬 틈에 끼어있는 흙과 그릇 속에서 수세기를 견딘 고둥껍질의 실체. 방금 본 무덤 아래 천년 넘게 묻혀있던 유물들이 눈 앞에 있다는 그 뚜렷한 실감 이야말로 우리가 수많은 관광지를 제치고 구태여 이 적막한 땅을 찾은 이유일 것이다.

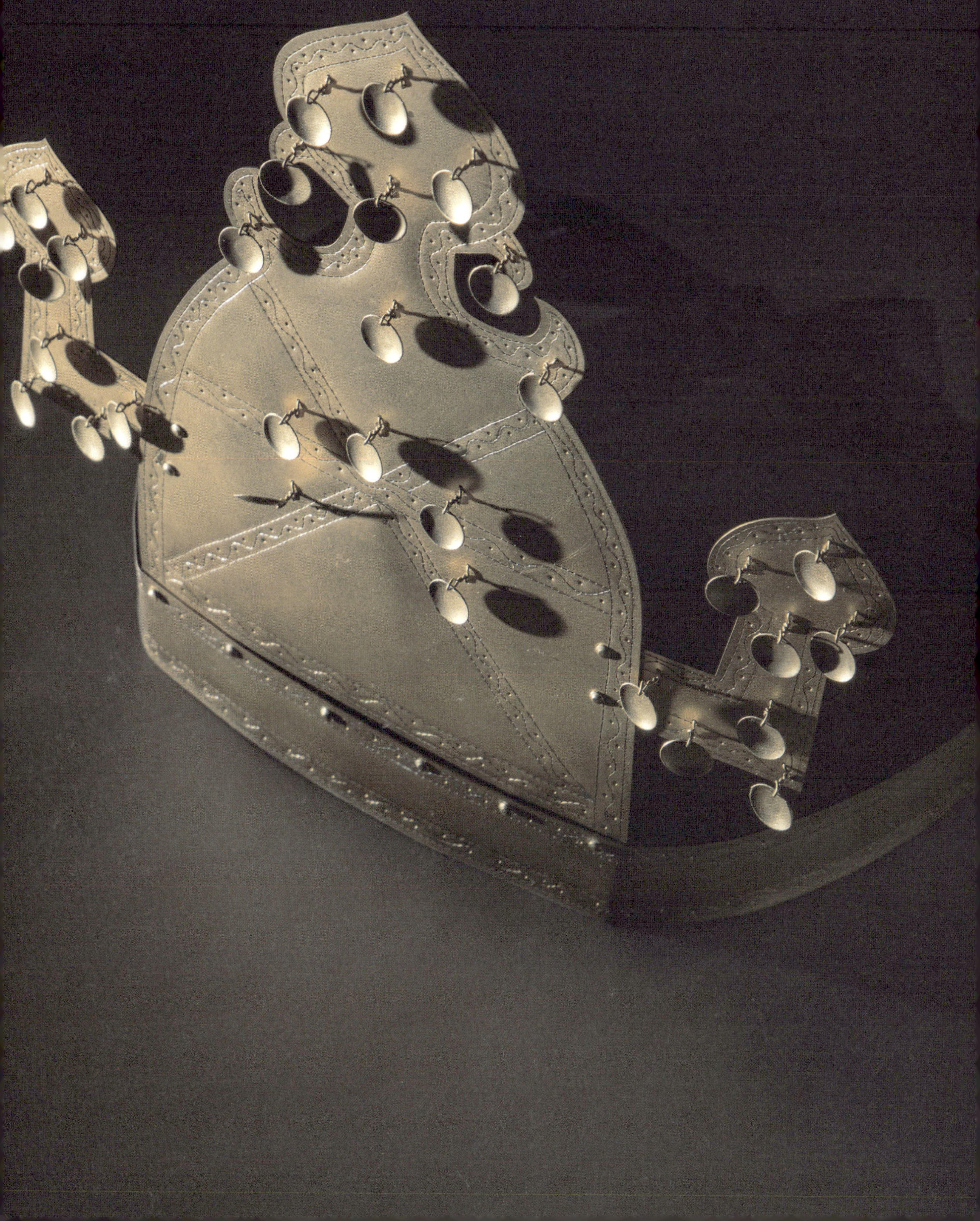

가야 문화 연구에 있어 토기는 일반적인 유물 이상의 의미를 갖는다. 고구려, 백제, 신라와 달리 남아있는 문헌 기록이 거의 없기 때문이다. 가야는 삼국과 수백 년 공존했음에도 '잊혀진 왕국'으로 표현될 만큼 역사에서 철저히 배제됐다. 일제강점기 때는 임나일본부설 구축을 위한 일제의 도굴로 숱한 유물이 유출되기도 했다. 그러니 가야의 토기는 삼국에 비해 상대적으로 의미가 클 수밖에 없다. 가야의 실체를 이해할 수 있는 몇 안 되는 단서 중 하나인 것이다.

고령에서 만들어져 다른 지역으로 확산된 토기는 대가야의 정치적 영향력을 가늠하는 지표다. 고령 양식 토기를 흔히 '대가야식 토기'라 지칭하는 이유다. 대가야식 토기는 4세기 때 그 모양이 완성되면서 고령만의 지역색을 띄기 시작했고, 5세기 초 지산동 고분군 축조와 함께 양식적인 완성을 이뤘다. 이 무렵 대가야는 서쪽 내륙, 즉 거창과 함양, 남원까지 정치적으로 영향을 미치면서 대가야식 토기를 전파했다. 6세기 들어 대가야식 토기는 경남 진주를 거쳐 고성 지역까지 확산됐다. 대가야식 토기가 가야 지역 전체에 걸쳐 발견됐다는 사실은 대가야의 국력이 그만큼 강했다는 것을 의미한다. 반대로 가야가 신라에 무너진 6세기 중반쯤부터는 같은 자리에서 신라 양식 토기들이 등장한다. 토기가 고대 정치체들의 흥망성쇠를 말없이 증언하는 셈이다.

가야 토기는 역사적 중요성을 떠나 그저 우아하기도 하다. 조형적으로 아름답고 만듦새도 뛰어나다. 오리, 집, 말, 짚신, 뿔, 등잔 등 삼국과 달리 특이한 형태의 상형토기가 많다는 점도 보는 재미를 돋운다. 고령을 비롯해 대가야가 차지했던 영토에서 발굴된 토기들은 개성이 꽤 분명한 편이다. 긴목항아리, 굽다리접시, 그릇받침 등으로 대표되는 대가야식 토기는 부드러운 곡선미와 균형 잡힌 안정감이 특징이다. 대가야박물관의 정동락 학예사는 이른바 '사국시대'야말로 우리나라 역사상 토기를 가장 잘 만든 시기라고 말한다. "통일신라시대로 넘어가면서 토기들이 힘을 잃기 시작해요. 무덤 속에 토기나 금관 같은 껴묻거리를 풍부하게 넣는 것이 사국시대의 유행이었다면 통일신라시대에는 부처님의 형상을 잘 만드는 것이 중요해집니다. 고인의 명복을 비는 방식이 바뀌면서 토기의 비중 또한 전보다 낮아지게 된 거죠."

토기는 신석기시대 이후 웬만한 유적에서 골고루 출토되는 흔한 유물이다. 그래서인지 주민들과 대화하다 보면 토기에 대한 괴담을 심심찮게 접하곤 한다. '고령 사람이라면 누구나 집에 온전한 토기를 한두 점씩 갖고 있다'는 소문도 그 중 하나다. 알아보니 영 허튼 소문은 아니다. 학예사의 말에 따르면 과거에는 정말로 동네 뒷산에서 온전한 토기를 쉽게 주울 수 있었다고 한다. 1970년대 이전만 해도 토기를 귀하게 여기는 분위기가 아니었기 때문이다. 다만 그 시기에는 '무덤가에서 주운 유물 = 귀신 붙은 물건'이라는 인식이 강했던 터라 토기를 제대로 보관하는 사람 또한 드물었다. 그러다가 1980년 이후 토기의 가치를 알아보고 이를 박물관에 기증하는 사람들이 생겼다는 것이 학예사의 설명이다. 우리보다 먼저 골동품에 대한 관념을 갖고 있던 일본인들이 무덤을 도굴해 국보급의 귀한 토기들을 무더기로 가져갔던 것이다.

고령에서 가야금 못지않게 중시 여기는 것이 있다면 현재 삼성미술관 리움에 소장된 국보 제138호 가야금관이다. 고대의 관은 지배자의 상징이므로 역사학자들은 관을 통해 절대왕권의 형성 과정과 집권국가로의 이행 여부를 파악하기도 한다.

대가야는 가야 여러 나라 중 유일하게 금관과 금동관이 여러 개 출토된 곳이다. 앞서 말한 국보 제138호 금관과 더불어 눈여겨봐야 할 것은 지산동 32호분에서 출토된 금동관이다. 2019년 2월 보물로 지정된 이 금동관은 우리에게 익숙한 출자형(出字形)의 신라관과 달리 꽃이나 풀을 묘사한 이른바 초화형(草花形)의 세움장식이 특징이다. 형태와 장식이 단순하고 우직해서 미니멀한 디자인을 추구하는 요즘 미감에도 잘 맞는다. 현재까지 알려진 대가야의 관은 지산동 30호분과 32호분 등에서 나온 금동관과 현재 삼성미술관 리움, 일본 동경국립박물관 등에 보관되어 있는 금관이 있다.

① **LONG-NECKED JAR & POTTERY STAND**
긴목항아리와 그릇받침

뚜껑이 있는 긴목항아리는 대가야식 토기 중에서도 '고령적' 색채가 매우 강한 토기다. 4세기 초반의 것으로 추정되며 부드러운 S자형 곡선과 정밀한 물결무늬가 특징이다. 굽다리접시를 크게 확대한 모양의 바리모양 그릇받침은 항아리의 둥근 하단을 지지하기 위한 것으로, 일반적으로 긴목항아리와 세트를 이룬다.

② **MOUNTED DISH WITH COVER**
고둥 담긴 뚜껑 있는 굽다리접시

뚜껑이 있는 굽다리접시는 대가야식 토기의 대표적인 기종 중 하나다. 접시는 납작한 형태이며, 팔(八)자 모양으로 벌어지는 굽다리에는 좁고 긴 사각형의 구멍들이 일렬로 뚫려있다. 뚜껑 중앙에는 가운데가 약간 튀어나온 볼록 단추형이나 납작한 단추형의 꼭지가 붙어있는 것이 보통이다. 접시 속 고둥은 모두 발굴 당시 실제로 들어있던 것이다.

③ **GOLDEN-BRONZE CROWN OF JISAN-RI NO.32 (restoration)**
지산리 32호분 금동관 (복원품)
2019년 2월 보물 제2018호로 지정된 화제의 유물. 넓적한 판 위에 X자 문양을 점선으로 교차해 새긴 것이 특징으로, 못으로 두드린 점선의 교차점이 이른바 '황금분할'을 이룬다. 발굴 경위와 출토지가 확실해 고령에서 무척 귀한 대접을 받는다. 금관이 왕의 소유라면 금동관은 그보다 낮은 계급의 우두머리가 썼을 것으로 추측된다. 진품은 국립중앙박물관에서 볼 수 있다.

④ **THE GOLDEN CROWN OF DAEGAYA IN JAPAN (restoration)**
일본에 있는 대가야 금관 (복원품)
가야의 금관은 신라의 금관처럼 도식적이지 않아 더 매력적이다. 띠 모양 관테 가운데 양파 모양 가지를, 좌우에는 두 개의 나뭇잎 모양 가지를 세워 붙였으며 중간에는 동그란 달림장식이 일정한 간격으로 달려있다. 가지 끝부분에는 긴 하트모양, 중간 가지의 양 옆에는 세로로 긴 풀잎 모양 장식이 눈에 띈다. 진품은 일본 동경국립박물관에 전시 중이다.

Masterpiece

진품보다 명품

고려청자, 조선백자, 막사발의 원류가 가야 토기라고 판단한 토인 백영규 선생은 1990년대 초부터 10여년간 가야 토기 재현에 몰두했다. 장인이 혼을 다해 재현한 가야 토기 컬렉션. 만나보지 않을 이유가 없었다.

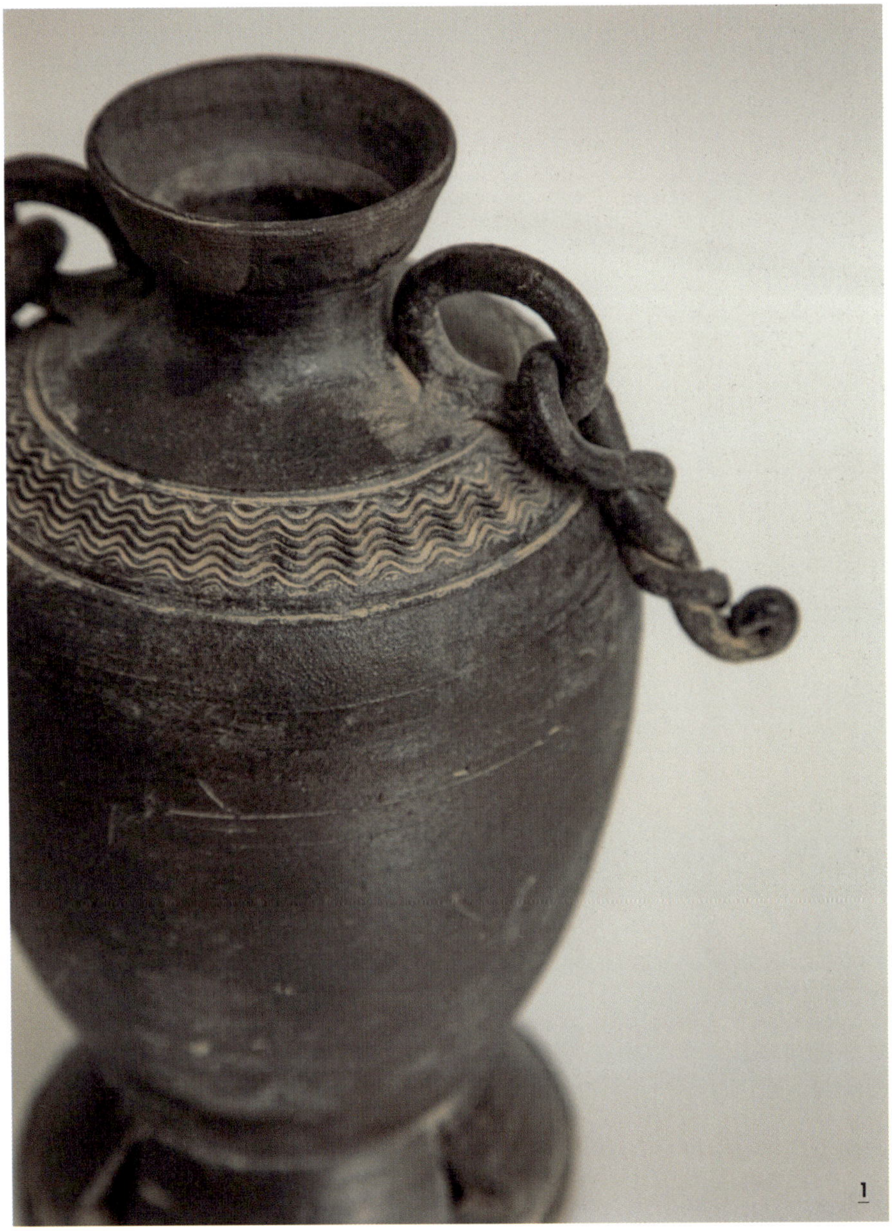

1

2

Editor 강보라 Photographer 이규열

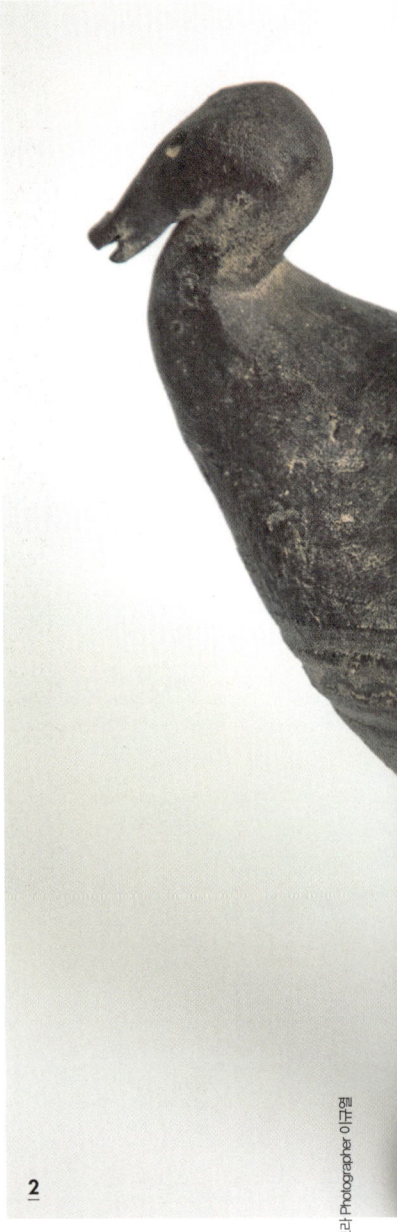

3

고령에서 발굴된 토기들 중 모양이 독특하거나 귀한 것은 일본에 도굴 당했거나 고령 바깥의 규모가 큰 박물관에 전시 중인 경우가 대부분이다. 그런 토기들을 실물로 볼 수 없는 아쉬움을 달래고자, 고령군 개진면에 있는 한 폐교를 찾았다. 고령 최초의 무형문화재인 토인(土人) 백영규 선생의 도예전수관 '고령요'가 있는 곳이다.

가야 토기는 보통 1000도 이상 고온 유지가 가능한 가마에서 4~10일에 걸쳐 구워진다. 그만큼 제작과정이 복잡하고 까다롭다. '철의 왕국'이라 불렸던 가야의 제철 기술을 보여주는 부분이다. 그러나 지금의 관점에서 보면 당시의 토기는 무척 원시적인 방법으로 만들어진 터라 재현이 상당히 어렵다. 당시 사용된 잡토가 섞인 흙도 지금은 오히려 흉내내기 어려운 부분 중 하나다. 어떤 흙을 쓰고 어떻게 빚어 구워냈는지에 대한 기록도 전혀 없다. 이 와중에 흙과 씨름하며 천년 넘게 끊어졌던 가야 도공의 맥을 이어가고 있는 인물이 바로 백영규 선생이다. 도자기 명문가의 자손으로 3대째 가업을 이어 60년 넘게 도예 작업에 매진해온 그는 가야 토기를 전통 방식 그대로 되살리는 일에 오래도록 헌신해왔다.

고려청자, 조선백자, 막사발의 원류가 가야 토기라고 판단한 그는 1990년대 초부터 10여년간 가야 토기 재현에 몰두했다. 발굴 현장과 박물관 등을 찾아 다니며 100여 종의 가야 토기를 수집하고 수많은 시행착오 끝에 바리 모양 그릇받침, 뚜껑 있는 굽다리접시 등 거의 모든 종류의 가야 토기를 재현했다. 빛깔과 질감은 물론 표면에 희미하게 감도는 회청색 물질까지 완벽하게 재현한 그의 가야 토기는 전문가들로부터 "오리지널에 한껏 근접했다"는 평을 듣고 있다.

① 가야 토기의 빛깔과 질감을 그대로 재현하는 것도 모자라 물결무늬 틈에 흙까지 살짝 묻힌 토기. 덕분에 진품보다 더 진짜처럼 보인다.

② 껴묻거리로 사용된 가야의 상형토기 중에는 오리, 배, 수레바퀴, 신발 등 운송수단과 새가 유난히 자주 등장한다. 죽은 자의 영혼이 하늘로 무사히 인도되길 바라는 가야인의 마음을 엿볼 수 있다.

③ 가야의 명품 토기인 '도기 기마인물형 뿔잔'을 재현했다. 무사 뒤에 세워진 두 개의 뿔은 내부가 비어있는데 술이나 물을 담는 잔 역할을 한다. 다만 기능성보다는 장식성이 강조돼 실생활보다는 제사 등 의례에 사용했을 것으로 추정된다.

④ 삼국시대 토기 중에는 사람이나 동물 형상을 본뜬 작은 토우를 장식으로 붙인 것이 많은데 이는 가야 토기도 마찬가지다. 귀여운 사슴 한 쌍이 올라간 쌍록 장식 항아리.

Taste of Goryeong
누가 그랬어, 경상도 음식 맛 없다고?

경상도 음식은 맛없다는 편견이 하루에 세 번 꼴로 차곡차곡 뒤집혔다.
고기국보다 농후한 '고디국'에 탄복하고, 터프하게 볶은 '소구레' 한 점에
기꺼이 무릎을 꿇었다. 4대째 내려오는 속 깊은 장맛부터 농부가 손수 차린
넉넉한 식탁까지, 고령의 맛을 두루 훑고 만끽했다.

관광자원으로서의 미식 문화는 보통 그 고장의 지리적 여건을 바탕으로 완성된다. 미식을 상품화한 대표적인 도시 목포의 9미를 살펴보면 주재료인 민어, 병어, 홍어, 세발낙지, 먹갈치, 꽃게 등의 주산지가 모두 지역에서 가까운 신안 앞바다라는 걸 알 수 있다. 속초의 오징어 순대, 부산 기장의 꼼장어, 여수의 갯장어도 다르지 않다. 그런 면에서 고령은 아직 순수하다. 미식을 활성화하기 위해 뭔가를 제대로 꾸미거나 내세워 본 적이 없다는 뜻이다. 우시장이 유명한 덕에 고령 하면 한우를 떠올리는 사람도 적지 않지만, 그렇다고 횡성처럼 요란 떠는 모양새는 또 아니다. 아직 세간에 알려지지 않은 저평가된 주식인 셈이다.

고령의 미식은 무시할 만한 수준이 아니다. 예컨대 장날이면 앉을 곳을 찾을 수 없는 '소문난 할매국밥'에서는 부산의 까다로운 미식가도 고개를 끄덕일 수밖에 없는 국물을 내놓는다. 특히 알맞게 삶은 고기의 육질이 수준급이다. 돼지고기의 특수부위에 해당하는 '뒷고기'도 그렇다. 뒷고기는 본래 도축업자들이 따로 빼두었던 자투리 부위를 말하지만 지금은 그 어원처럼 '뒤로' 유통되지 않는다. 이제는 고기의 모든 부위가 축산물공판장을 거쳐 정육점과 식당에 공급되기 때문이다. 그렇지만 그 여남은 부위를 호방하게 잘라 연탄불에 구워먹던 문화는 고령 대가야시장 인근 뒷고기 골목에 고스란히 남아 있다.

간장과 고추장, 고춧가루 등으로 맛을 낸 각종 탕과 조림의 양념 간은 우리나라 지역 미식의 수준을 가늠하는 매우 중요한 척도다. 전국 어디서나 볼 수 있는 '보통의 식당'들을 고령에서 구태여 찾아 다닌 이유다. 매운탕, 어죽, 갈치조림, 콩국수 등 고령에서 만난 일반적인 요리들은 놀랍게도 하나같이 만족도가 높았다. 여느 지방 음식과 달리 자극적이지 않은 맛이 인상적이었는데, 특히 달지 않은 양념으로 감칠맛을 내는 솜씨가 무척 노련했다. 요리하는 사람이라면 다들 알겠지만 자극적이지 않은 양념장을 만들려면 재료를 아낌없이 넣어야 한다. 갈치조림의 양념은 갈치 본연의 단맛이, 매운탕의 국물은 민물고기 뼈에서 우러나온 육수가 단단히 받쳐줘야 제대로 된 감칠맛이 난다. 그런 의미에서 고령의 음식은 무척 정직하고 푸짐했다. 신선한 식재료를 곁에 두고 사는 이들만이 베풀 수 있는 넉넉한 인심을 느낄 수 있었다.

고령 여행에서 딱 하나 아쉬운 것은 하루의 여운을 달래주는 술집이 의외로 적다는 사실이다. 그러나 우리는 배달의 민족이요, 밤에 출출함을 느끼는 이는 어딜 가나 있는 법. 숙소 근처에 문을 연 술집이 많지 않다면 배달음식을 이용해보길 추천한다. 대가야의 옛 도읍지에서 시켜 먹는 '가야성 반점'의 짜장면과 빼갈 한 모금은 즐거운 모험이 될 테다.

Tradition

장맛에 취하다

16세기 초 독일 남부 바이에른 공국의 빌헬름 4세는 맥주를 만들 때 맥아와 홉, 물, 효모만을 사용하도록 강제하는 법을 만들었다. 독일이 지금까지 자랑스러워하는 '맥주 순수령'의 시작이다. 독일에 맥주 순수령이 있다면 고령의 한옥스테이 생비원에는 4대째 내려오는 '메주 순수령'이 있다. 해인사가 있는 가야산의 남동쪽 사면에서 흐르기 시작한 물줄기는 상비계곡을 거쳐 덕곡저수지로 모인다. 덕곡저수지를 지난 물줄기는 소가천이라 부르며 소가천은 고령의 중심지를 지나는 회천과 합류한다. 아직 상비계곡의 물줄기가 덕곡저수지로 흘러 들기 전, 맑은 물길이 내려다보이는 해발 400m 언덕에 생비원이 있다. 남쪽으로 난 본채 앞문을 열어젖히면 덕곡저수지 너머 앞산이 병풍처럼 펼쳐진다. 이 산의 모양새가 코끼리 코를 닮았다 해서 '상비산(象鼻山)'이라 불렀다는 유래가 있다. 아침이면 저수지의 물이 증발해 만든 자욱한 안개가 상비산을 감싼다. 아침 일찍 일어나 안개 속을 거닐다 보면 마음의 응어리가 찻잔 속 찻잎처럼 가라앉는다.

생비원의 배경희 대표는 장을 담근다. 매년 음력 10월 15일이면 잘 여문 콩을 골라 메주를 쑤고 건조시켜 띄운다. 정월이 돌아오면 오랫동안 간수를 뺀 신안 천일염을 지하 150m에서 퍼 올린 물에 녹인 다음, 이를 메주에 부어 장을 담근다. 보통 가정에서 장을 담글 때는 40에서 50여일이 지나 장 가르기를 한다. 장 가르기란 소금물에 담가둔 메주에서 간장과 된장을 분리해내는 작업을 뜻한다. 메주의 상태에 따라 다르지만 담근 날부터 가르는 날까지의 기간이 길수록 간장 맛이 진해진다. 생비원은 보통 100일이 지나 장 가르기를 한다. 그렇게 담근 마법의 콩들이 생비원 입구 오른편에 가지런히 앉은 수백 개의 장독에서 익어간다. 사실 나는 '산세 좋고 물 좋은 곳에서 난 재료로 만든 음식은 다 맛있다'는 말을 별로 믿지 않는 편이다. 그러나 "상비계곡에는 축사가 없어 잡내와 벌레가 꼬이지 않아요. 그게 이곳에 터를 잡은 이유지요."라는 그의 구체적인 설명에는 신뢰가 갈 수밖에 없다.

배 대표가 "어머니께 배운 장맛 그대로"라며 10년 숙성한 간장을 내어준다. "참기름만 넣어서 밥에 비벼먹으세요."라는 권유는 그의 자신감이다. 10년 된 간장을 숟가락으로 살짝 뜨니 액상이 진득하다. 간장에 비빈 밥을 한 숟갈 입에 넣자 양조간장이나 혼합간장과는 확연히 다른 감칠맛이 난다. 쩡한 짠맛과 뭉근한 단맛 사이로 선연한 곡류의 향이 지나간다. 맛의 결이 굵고 단순하다. 메주 순수령의 결정체. "장맛이 집집마다 다른 건 장맛을 좋게 하는, 대를 이어 내려오는 좋은 종균이기 때문입니다. 장을 만들 때 들어가는 건 콩과 물과 소금뿐이고 나머지 변수는 시간과 종균이 담당하지요." 입가심으로 멸치 육수에 된장만 풀었다는 배춧국을 그릇째 훌훌 마신다. 아, 텀블러에 부어서라도 집에 싸가고 싶은 맛이다.

생비원
덕곡면 노2리 28길
054-954-1528
www.생비원.kr

Local Experience

한국식 팜투테이블과 지역술을 체험하다

세상에는 먹거리와 관련한 다양한 주장이 넘쳐나지만 그 중 가장 중요한 운동을 꼽으라면 단연 로컬 푸드 운동이다. 지역에서 난 작물을 지역에서 소비하자는 로컬 푸드 운동은 국내에서도 이미 일반에 널리 알려진 개념으로, 우리나라의 신토불이(身土不二)나 일본의 지산지소(地山地消)와도 비슷하다. 로컬 푸드를 선호하는 사람을 가리켜, 지역을 뜻하는 영단어 '로컬(local)'에 '먹다'를 뜻하는 라틴어 접미사 '보어(vore)'를 붙여 '로커보어(locavore)'라 부른다. '참살이'는 고령을 찾은 로커보어가 반드시 찾아야 할 식당이다. 로커보어들은 음식을 먹을 때 산지를 물어보고 식재료가 생산된 곳과 소비자 간의 거리인 '푸드 마일'을 계산해 수치가 가장 낮은 메뉴를 선택하는데, 고령의 대표 농가맛집(농촌진흥청에서 지원하는 농업형 외식 사업장)인 참살이의 음식은 대부분 푸드 마일이 수십 미터를 넘지 않는다. 식당 바로 옆에 있는 깨밭에서 키운 들깨, 참깨, 고추 등의 신선한 식재료가 요리되어 곧장 상에 오른다. 특히 들깨 꽃으로 만든 부각은 다른 곳에서는 쉽게 먹을 수 없는 별미다. 들깨는 10월이 지나 꽃이 지고 깨 송이가 든 꽃받침이 갈색으로 변하기 시작하면 송이채 말려 수확한다. 들깨 꽃 부각은 8~9월 들깨 꽃이 한창일 때 아직 다 여물지 않은 깨가 든 송이채 잘라 물에 깨끗이 씻은 후 찹쌀 풀을 발라 말렸다 튀겨낸다. 설탕과 소금으로 살짝 간을 한 들깨 꽃 부각을 씹으면 고소한 향이 장난스럽게 터진다. 꽃을 따버리면 깨 수확이 줄어들기 때문에 농가맛집이 아니면 쉬 내기 힘든 메뉴다. 한편 참살이의 들깨버섯전은 주방에서 우연히 탄생한 별미다. 감자 전분과 밀가루를 반반씩 섞고 표고와 팽이를 다져 넣은 버섯전을 만들려다 옆에 있는 들깨 통을 쏟은 것이 계기가 됐다. 강렬한 표고 향과 들깨를 깨무는 순간 입안 가득 터지는 고소함에는 엄지손가락이 절로 올라간다.

참살이
- 대가야읍 큰골길 208
- 054-954-1466
- 11:30~20:00 매주 화요일 휴무(예약제로만 운영)

물 좋은 고장에 술이 없을 리가 없다. 한산에 소곡주가 있고, 아산에 연엽주가 있듯 고령에는 스무주가 있다. 성산이씨 가문의 내림술인 스무주는 찹쌀, 멥쌀에 누룩을 섞어 빚는다. 술을 빚어 첫 술을 20일만에 뜬다고 하여 '스무주'라 부른다. 그러나 전통적으로 스무주는 첫술보다 후주(後酒)가 더 맛있다. 후주란 첫술을 뜨고 끓여 차게 식힌 물을 다시 부은 후 익혀 용수로 거른 것을 말한다. 스무주는 이 후주를 20일 간격으로 100일간 퍼낸다. 찹쌀에서 은은하게 우러나온 단맛이 매우 즐겁다. 스무주는 이 술을 빚는 이가 운영하는 '황토식당'에서 살 수 있는데, 싱싱한 잡어로 끓인 어탕국수와 3년 숙성한 묵은지를 넣은 소갈비찜 요리가 스무주의 단맛과 무척 잘 어울린다.

황토식당
- 대가야읍 덕운로 107
- 054-954-3870
- 11:00~20:00(하절기 21:00 마감), 둘째 넷째 월 휴무

Ingredient

금산한우
- 성산면 성산로 946-5
- 054-954-4484
- 10:00~21:00 매월 마지막주 일요일 휴무

한우 박사를 만나다

여행을 떠나기 전 지인에게 고령에는 우시장과 도축장이 있어 한우가 싸고 맛있다는 말을 들었다. 막상 고령에 가서 자세한 이야기를 들어보니 반은 맞고 반은 틀린 말이다. 한우의 유통 구조를 따져보면 그렇다. 국내에서 기른 소는 우시장에서 경매나 중매에 부쳐져 생산자의 손을 떠난다. 생산자의 손을 떠난 소는 도축장에서 도축되어 등급 판정을 받은 후 공판장에서 경매에 부쳐져 매매참가인(중매인)의 손에 넘어간다. 결국 모든 소고기는 중매인의 손을 거쳐 다시 식육식당으로 돌아가는 유통과정을 거치는데, 그게 법이다. 우시장 앞에 있는 식육점의 고기라고 해서 이 과정을 건너뛸 수는 없다. 고령 축산물공판장(도축장) 앞이라고 고령에서 키운 한우만 도축하는 건 아니어서, 축산물 이력을 확인해보지 않는 한 고령에서 먹은 소가 반드시 고령 소라는 보장도 없다. 그럼에도 고령 축산물공판장 맞은편 도로에 식육점과 식육식당이 즐비한 이유는 따로 있다. 자세히 보면 이 식육점들에는 '중매인 직영' 푯말이 붙어 있다. 이런 푯말이 붙은 곳이 아니더라도 고령 축산물공판장 인근에 있는 가게들은 고기의 유통 거리가 짧다는 이점을 취할 수 있다. 다만 취재차 만난 공판장 관계자는 "오늘 잡은 소"라는 홍보 문구는 거짓이라고 경고한다. 등급 판정이 나오는 데만 하루가 걸리기 때문이다. 그날 잡은 소가 시장에 나올 일은 없다는 설명이다.

고령에서 한우를 먹어야 할 이유는 또 있다. 고령에는 1970년대 이전부터 가축을 끌고 와 개개인이 거래를 하는 우시장이 발달했다. 한때는 이 우시장에서 고령 5일장(현재는 고령 대가야시장)이 서는 4, 9 장날마다 350두가 넘는 소가 경매에 부쳐지기도 했다. 자연히 우시장과 연관된 우수한 축산 인력 중 일부가 고령과 그 인근에서 생업을 영위했다. 소를 키울 줄 아는 사람, 소를 볼 줄 아는 사람, 소를 팔 줄 아는 사람들이 고령과 오래 연을 맺었다. 식육식당인 '금산한우'의 허복선 대표 역시 그런 사람 중 한 명이다. 그가 소를 기르고 팔기 시작한지가 이제 곧 30년이 된다. 그는 자신이 고령에서 처음으로 한우실명제를 자체 시행한 인물이라고 말한다. "처음에는 '오늘 잡은 소는 개진면의 사육자 아무개가 키운 30개월 된 암소'라고 메뉴판에 써 붙이고 시작했지요. 축산물 이력제가 없을 때부터 비육자 실명제를 시작한 한우집입니다."

특히 허 대표는 한우집을 경영하는 데 있어 가장 중요한 건 균일한 질을 유지하는 것이라고 말한다. "A1++등급은 흔치 않아요. 하루에 작업하는 100두가 넘는 소들 중 10마리가 나오면 많은 편이죠. 돼지는 비육업자들이 시세에 큰 상관없이 때가 되면 시장에 내놓지만 소는 달라요. 소의 시세가 떨어지면 비육업자들은 더 좋은 등급을 받기 위해 사료를 조절해 먹이며 제값을 받을 때까지 한 달 내지 두 달을 기다립니다. 가격 차이가 크기 때문이죠. 한마디로 소는 시세에 따라 공급이 크게 변합니다. 좋은 중매인을 만나지 못하면 시장에서 A1++등급을 꾸준히 공급 받기가 힘든 이유죠." 소와 함께 수십 년 세월을 함께 해온 덕에 그는 지금도 들쭉날쭉한 소고기 유통의 파고를 자유로이 넘나든다. 참고로 소를 도축한 소도체는 우리에게 익숙한 1++, 1+, 1, 2 등 총 6개의 육질 등급 외에 A, B, C의 3개 육량 등급을 나눠 매긴다. 살코기의 양을 예측하는 요소인 육량 등급이 맛과는 크게 상관없다는 의견도 있으나 최대한 많은 살코기를 얻어 손님에게 내야 하는 이의 입장은 다르다. 허 대표가 A등급 1++ 한우를 고집하는 이유다. 실제로 육량등급 A, 육질등급 1++를 받은 소도체의 출현율은 전국적으로 3% 안팎이다. 숯굴에서 만들었다는 참숯에 갈비살을 구웠다. 이런 고기가 100g에 2만원이 넘지 않는다는 건 아무리 생각해도 시장을 교란시키는 일이다.

Market

대가야의 시장을 탐험하다

생비원, 참살이, 금산한우는 고령의 먹거리를 대표하지만 고령 군민의 식탁을 대표하지는 않는다. 세상의 모든 요리가 장보기부터 시작하듯, 여행자가 그 지역 식문화의 진정한 단면을 엿보려면 시장에 가야 한다. 다행히 고령에는 조선 초기부터 섰던 정기시장의 맥이 이어지고 있다. 군청과 보건소가 있는 대가야읍 중심부에는 끝자리 4, 9일에 고령 대가야시장이 선다. 장이 열리는 날이면 합천, 성주 등지를 도는 장돌림들이 모여들어 판을 펼친다. 260여개의 점포와 140여 명의 노점상이 일제히 손님을 맞이한다.

마트 시식코너에 익숙한 도시 촌뜨기들에게 좌판과 난전은 축제나 다름없다. 놋화로와 장독대와 트랜지스터라디오를 같이 파는 좌판의 꾸밈새만으로 기대감이 퐁퐁 샘솟는다. 강아지, 닭, 오리를 파는 사육장을 지나 안으로 들어서면 대낮부터 '뒷고기'에 소주를 기울이는 사람들을 만날 수 있다. 그 옆에선 장날 불 쇼가 한창이다. 할아버지부터 3대째 가업을 이어받은 대장장이 이준희 씨의 올드스쿨 대장간이다. 화덕에 불길이 타오르자 그가 집게로 쇠붙이를 달궈 모루에 놓고 망치로 두들긴다. 탕탕, 경쾌한 소리가 철기문화를 꽃피웠던 대가야의 수도에 울려 퍼진다.

대가야시장의 히어로는 '소구레'다. 소의 가죽 아래 붙은 지방육으로, 타 지역에선 수구레라 하고 경북에서는 소구레라 부른다. 소구레는 주로 국밥으로 먹는데, 사실 잘 삶은 소구레는 볶음에 더 어울린다. 소구레는 내장이나 근육 등 소의 다른 부위처럼 삶아서 독자적으로 감칠맛을 낼 수 있는 부위가 아니기 때문이다. 그보다는 양념을 입혀 식감에 색을 입히는 게 더 적합한 요리법이다. 대가야시장의 소구레 집에서는 소구레와 소껍데기를 따로 볶는다. 소껍데기의 식감은 돼지껍데기와 크게 다르지 않다. 흔히들 수구레 국밥에 소껍데기가 함께 들어가다 보니 소구레를 소껍데기와 혼동해 '질기지만 쫀득하다'고 표현하곤 한다. 그러나 잘 삶은 소구레는 을지로 부민옥의 양무침이 떠오를 만큼 부드럽고 탱탱하다. 대가야시장의 소구레집에서는 볶은 소구레와 소껍데기를 따로 팔기도 하고, 선지국에 말아 소구레국밥으로 내기도 한다. 경북 지역 시장에서 많이 보이는 식재료인 '고디'도 눈에 띈다. 고운 녹색이 아름다운 다슬기로 강원도에서는 꼴부리, 충청도에서는 올갱이, 전라도에서는 대사리, 경상도에서는 고디라 부른다. 살을 쏙쏙 골라내 양념장과 함께 비벼 먹어도 맛있지만, 주로 탕으로 끓인다. 천원짜리 한 장에 아메리카노 대신 신선한 콩국 한 사발 사 들고 어물전 구경을 하며 고령의 식탁과 친해지는 이 시간!

고령 대가야시장
📍 대가야읍 시장3길 29
📞 054-954-5445

Seasonal

진짜배기 아침상을 받다

고령군 쌍림면 합가리에는 일선 김씨들이 모여 사는 한옥 집성촌 '개실마을'이 있다. 영남학파 종조인 점필재 김종직의 후손들이 350여 년간 모여 사는 곳이지만 젊은이들은 가정을 이뤄 도시로 떠난 이가 대부분이고, 평균 연령 70대의 어르신 80여 명이 마을을 지키고 있다. 주민등록증상 나이만 중년인 김민규 씨가 사무국장 총대를 메고 어르신들의 남은 방을 고택 체험 및 농촌체험마을로 운영 중이다. 아직 밤공기가 서늘한 초여름 밤을 우리는 개실마을 지도에 3번으로 표시된 덕동댁에서 보냈다. 다섯 칸 남향 일자한옥인 덕동댁 앞마당에는 키위와 블루베리가 익어가고 있었다. 문을 열어두기만 해도 시원한 바람이 절로 들어 에어컨을 켤 필요가 없었다.

여장을 푼 다음 곤한 밤을 보내고 일어나니 덕동댁은 아침 준비가 한창이었다. 부추전, 감자부침, 달걀찜, 고추부각, 가지무침, 명란젓, 고등어와 갈치구이가 푸짐하게 상에 올랐다. 개실마을을 찾기 전 이곳에서 먹는 덕동댁의 아침식사를 최고로 치는 이를 만난 적이 있다. 국을 한 술 뜨고 이유를 알았다. 들큰한 들깨 향과 짭조름한 감칠맛 뒤로 씁쓸한 내장 향취가 감도는 그 국을 두 그릇이나 비웠다. 시장에서 봤던 고디로 끓인 국이다. 허겁지겁 국을 들이켜며 재료의 출처를 묻는 내게 덕동댁이 말한다. "요 앞 시내에서 잡아왔지. 서울선 고디로 국을 안 끓여 먹는가보네." 나중에 찾아보니 이런 고디국을 만들려면 청정 일급수에서만 산다는 다슬기를 하나하나 손으로 잡아 수세미로 박박 씻은 다음 3시간을 해감한 후 삶아서 다시 일일이 살만 쏙쏙 발라내야 한단다. 이 맛있는 걸 서울에서 안 먹고 안 파는 데는 다 이유가 있다.

식사가 끝나자 덕동댁은 블루베리가 제철이라며 마당에서 딴 블루베리를 내왔다. 코스트코의 냉동 블루베리만 먹던 우리는 갓 딴 블루베리의 과육에 흠칫 놀랐다. 역사의 고장에서 만난 블루베리에 깜짝 놀라자 덕동댁은 "저기 키위도 키우고 있는데. 시골이라고 시골 것만 키우는가."라며 무구한 미소를 지어 보였다. 고령에서는 12월부터 4월엔 딸기가, 8월에서 11월엔 무화과가, 4월부터 9월엔 각종 멜론이 제철이라 이와 관련한 다양한 체험 행사가 펼쳐진다. 돌아가는 길에 가까운 농산물직판장에 들러 개진 감자, 고령 옥미, 제철 과일 등의 특산물을 택배로 부치는 것도 고령 여행의 백미 중 하나다. 털어놓자면, 고령의 체험 농가에서 맛있게 얻어 먹었던 백자 멜론이 서울의 백화점에서 한 통에 수만 원에 팔리는 걸 보고 더 사오지 못한 걸 땅을 치며 후회했다.

개실마을
쌍림면 합가리 243-5
054-956-4022
www.gaesil.net

Go on Horseback
왕국의 혼

고령에서 마주친, 대가야의 혼을 이어 받은 용맹한 기마무사들.

대가야기마문화체험장

유소년 승마단을 이끌며 한국 전통 마상무예의 맥을 이어가고 있는 석장균 대표의 기마문화 체험장. 원형마장 2동, 실외대마장, 중형마장 등을 갖춘 4,300평의 대형 승마장으로 마상무예 공연을 비롯해 국궁, 마차 등 다양한 기마 관련 프로그램을 체험할 수 있다.

- 대가야읍 신남로 61
- 054-955-1133
- 월요일 휴무
- www.daegayahorse.com

One Fine Day

1953년생 황진호, 고령이 좋은 이유에 대해
백 가지도 이야기 할 수 있을 만큼 활기 넘치는
어느 비범한 시니어의 고령 라이프!

황진호
전직 공무원/농부

그는 사실 고령 토박이는 아니다. 이 곳에 처음 발을 들인 것은 16년 전이었다. 대구와 가까우면서도 분위기가 전혀 달랐던 평화로운 고장 고령에 그는 이상하게 마음이 끌렸다. 성실하게 37년간 공무원으로서의 책임을 다 한 후 고령에서 제 2의 삶을 꾸리겠다 마음먹었다. 10년의 워밍업 기간을 거쳐 퇴직 후인 6년 전 부터는 주민등록을 아예 이전하고 당당히 '고령군민'이 되었다. 큰 규모는 아니지만 가족들을 위해 농사와 양봉도 배우고, 여가와 문화생활을 즐기며 행복하게 사는 그는 '은퇴 이후의 삶'을 잘 꾸려가고 있는 귀농 모범 사례다.

1

05:00~06:00 자전거와 함께 하는 아침

"올해 67세입니다. 해가 뜨면 일어나고 해가 지면 자야죠. 하루를 활기차게 시작하는데 아침 운동만한게 없어요." 일어나자 마자 가장 먼저 하는 육체활동은 농장일이 아닌, 자전거 타기다. 매일 아침 다섯 시면 일어나 해의 에너지를 받는다. 고령군 덕곡면에 위치한 그의 농장과 집 주변은 일차선 도로, 흙길, 숲길이 혼재되어 있어 잠시만 자전거를 타도 땀이 송글송글 배어든다. 장난기 많은 그는 종종 길이 아닌 곳으로 핸들을 꺾기도 했다. 자신이 가는 모든 길이 길이 되는 곳, 집 주변 모든 곳이 그만의 자연 놀이터다.

2   10:00~11:00 꿀맛 모닝 커피

53년생 남자는 독학으로 공무원 시험에 붙었다. 교도 공무원 시절 직장 선배였던 57년생 정갑연을 만나 연애하고, 결혼했다. 슬하에 일남일녀가 있다. 그 중 눈에 넣어도 아프지 않은 사랑하는 외동딸의 가족들이 얼마 전 도시의 삶을 정리하고 그의 곁으로 왔다. "제가 고령의 인구 증가에 꽤 기여를 했어요. 와이프, 딸, 사위, 손주들까지… 벌써 몇 명이에요. 맞지요?" 그에겐 고령이 복의 땅인 셈. 딸은 그의 집에서 멀지 않은 곳에 '퐁텐블루'라는 아름다운 카페를 운영한다. 카페에 가자마자 노부부는 바쁘게 몸을 움직인다. 눈에 일거리가 끊임없이 보이기 때문에 쉴 수가 없다. 정갑연씨는 부엌으로, 남자는 비를 들고 마당으로 나간다. "어떡해요, 딸이 바쁘니 별 수 있나요? 하루만 안 해도 거미줄이 생기는 걸요." 힘들지 않냐는 질문에 너스레를 떨지만 사실은 마음이 기쁘다. 매일 카페에 출근해 거들 일 없나 살피고 서로 얼굴 보고 커피 마시고 사는 재미가 쏠쏠하다.

3   11:00~13:00 블루베리 농사일

1000평 규모의 농장에서 그가 주로 키우는 작물은 텃밭 채소와 블루베리다. "진짜 농부시네요?" 손을 내젓는다. "아유, 무슨! 가족들 먹을 만큼 딱 부담되지 않게 그 정도만 합니다. 혼자 부지런히 몸을 놀릴 수 있을 정도예요. 예전에 더 많이 했었는데 일을 많이 줄였어요. 즐기면서 살고 싶어서요." 그가 키우는 블루베리가 딸의 카페에서 음료 재료로 쓰이고 있어 신이 난다. 블루베리 열매 따는 법을 설명해 주는 그의 눈빛과 어깨에 힘이 잔뜩 들어갔다. 오동통하게 영근 블루베리의 달콤한 맛을 눈치 챈 새들이 열매를 따먹을까봐 수확 즈음엔 촘촘한 망을 씌워 둔다. 블랙베리도 키웠었다. 10년 묵은 블랙베리청은 진득한 약술이 되어 장독대에 가득 담겨져 있어 뿌듯하단다. 양봉을 시작한지 2년차, 구력은 길지 않지만 재미를 들여가는 중이다. 꿀은 카페에서 쓰고 지인들도 구입한다. 통수로 50통. 올해는 더 본격적으로 해 볼 요량이다.

4 13:30~15:00 수박을 자르고 시를 읊다.

농장을 조망할 수 있는 곳에 정자 하나, 흔들 그네 하나를 두었다. 정자에서 땀을 식히며 새참도 하고 수박도 잘라먹는다. 세상에, 이렇게 물이 많고 꿀이 흐르는 수박은 정말 오래간만이라 "오, 이것이 그 유명한 우곡 수박이군요." 했더니 "글쎄요. 우곡 수박은 우리도 먹기 힘들어요. 시장에서 샀어요. 아마 아닐거예요." 한다. 우곡 수박이 아니더라도, 진수성찬이 아니더라도 이 정자 위에서의 새참과 간식은 언제나 꿀맛일 거다. 점심상도 소박하기 그지없다. 채소, 된장, 양파, 마늘, 고추 그리고 국 한 그릇. 그야말로 건강식이다. "사모님이랑 같이 안드세요?" 하니 "카페에 가 있잖아요." 한다. 바람이 솔솔, 푸르름이 절정에 이른 여름 한 가운데서 배 부르고 기분 좋으니 시가 절로 흘러나온다.

5   18:00~20:00 꿈이 있는 저녁시간

"문화원 가는 게 제일 좋아요." 그의 저녁 스케줄은 매일 가득 차 있다. 색소폰, 시 낭송, 설장구, 품바, 대금, 민요 등을 배우는 재미에 푹 빠져있기 때문이다. 문화와 예술 활동에 적극적이다 보니 고령 문화원 이사직도 맡고 있다. 벌써 5년차가 되었다. "저는 꿈이 있어요. 고령에서 대금을 제일 잘 하는 사람이 되는 거예요. 대금 배운 지 6년 되었어요. 처음엔 소리가 안나서 애를 좀 먹었는데 지금은 공연도 다닌답니다." 핸드폰을 꺼내 지난 달의 공연 사진을 보여준다. 욕심, 아니 열정이 많은 사람이다. 기회가 된다면 연출, 감독, 배우도 다 해 보고 싶다고. 그러고보니 그의 표정이나 행동, 손짓, 몸짓에서 배우의 느낌이 나기도 했다. 지난 해 고령대가야체험축제 때는 뮤지컬팀에 배우로 서기도 했다.

"고령에서 제 2의 삶이 행복하세요?" 물었다. "그럼요, 무엇이 제일 좋으냐 하면요. 아주 자유롭다는 거, 오랜 시간 틀에 박힌 직장 생활을 하다가 이젠 완벽히 내가 하고 싶은 일들만 하면서 사니까요. 부족함이 없어요. 가족들도 고령 생활에 만족하고 또 다 함께 하니 더할 나위 없지요. 고령은 군민들을 위한 문화공간과 프로그램들이 참 잘 되어 있어요. 제가 하고 싶었고 참여할 수 있는 프로그램들이 많아요. 배우고 성장하고 봉사하면서 인생 후반기를 꾸려가는데 여기가 참 좋은 선택이었다고 생각합니다." 부부는 함께 군에서 하는 귀농인 프로그램에도 참석하고 봉사활동, 재능 기부 행사 등에도 적극 참여하는 참여형 군민이다. 고령에서 지금 가장 행복한 사람을 순서대로 꼽으면 첫째줄에 서 있는 사람들이 아닐까?

DIRECTORY

[여행의 작은 사전]

더욱 만족스러운 여행을 위하여 〈MOVE〉가
고르고 고른 고령의 추천 스팟 49곳.

6 Accommodation
숙박비 / 객실수 / 조식 / 애완동물 / 바베큐 / 체크인/아웃 시간

14 Dining
음식 메뉴 개수 / 주류 메뉴 개수 / 1만 5천원 미만 (1인 기준) / 1만 5천원~3만원 (1인 기준) / 3만원 이상 (1인 기준)

9 Cafe
음료 메뉴 개수 / 음식 메뉴 개수 / HAPPY / OK / EXPENSIVE

20 Culture & Experience

DIRECTORY

ACCOMMODATION

화려한 호텔은 없어도 그림 같은 자연속의 고택들과 편리한 펜션들이 있다.
예산 부담 없는 소도시 여행의 즐거움을 머무는 곳에서부터 체험하자.
침대가 꼭 있어야 한다면 예마을 펜션이나 군내 모텔을 이용할 것.

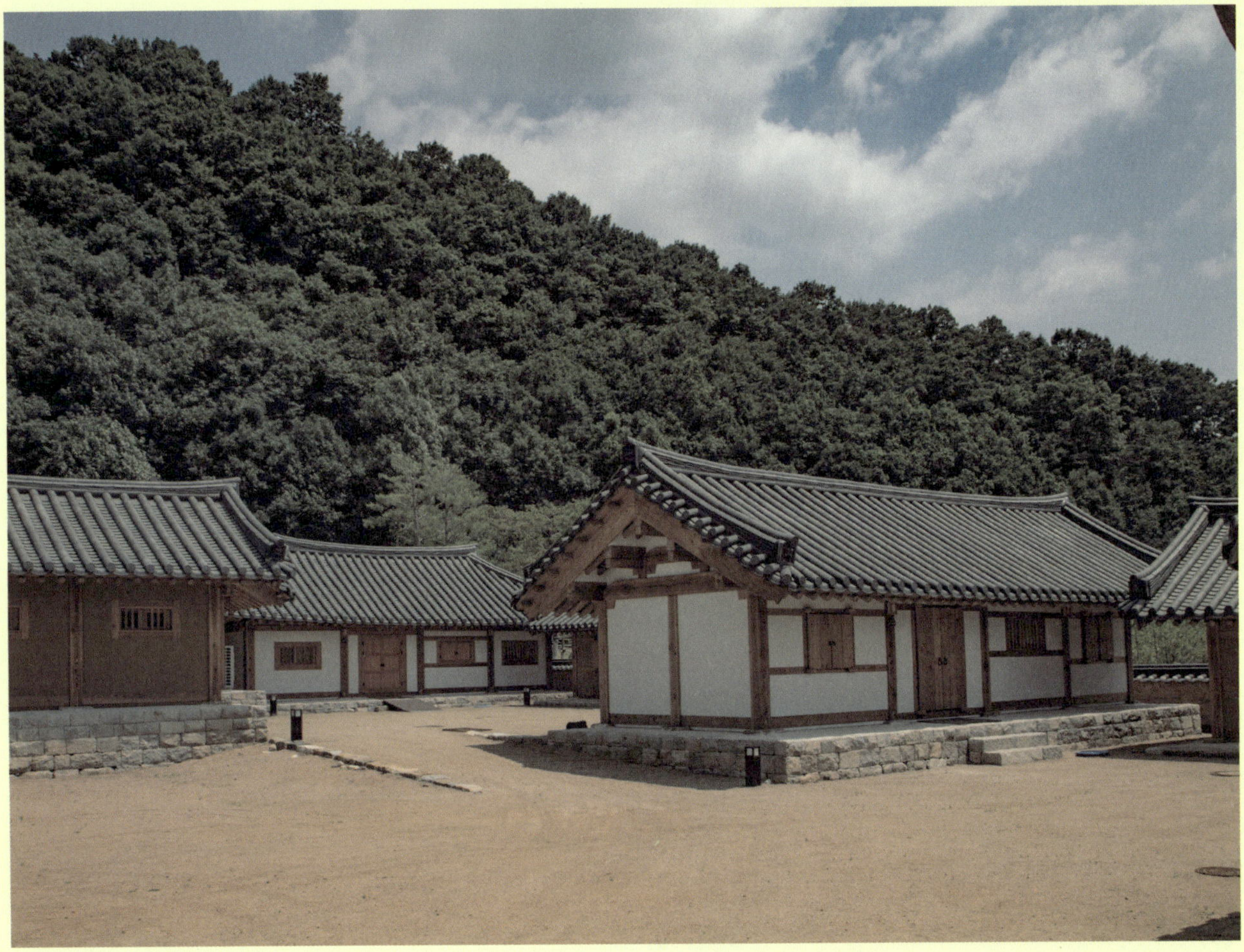

OI 한기촌 (대가야생활촌 내)
과거로의 귀환, 숙박은 모던하고 편안하게

대가야생활촌은 대가야의 과거, 현재, 미래의 모습을 형상화하여 그 시대의 역사와 문화를 재현한 고령의 대표적인 관광지다. 2010년부터 공사를 시작해 2019년 4월에 개장했고 학습체험과 관광숙박을 한 곳에서 즐길 수 있다. 본 테마단지 내 숙박시설이 한기촌이다. 한기촌은 기와마을과 초가마을 두 종류이며 기와마을은 4인실부터 8인실까지, 초가마을은 2인실부터 6인실까지 구성되어 있다. 한옥스타일이지만 욕실과 주방공간, 방이 깔끔하게 분리되어 있고 완벽하게 준비된 욕실용품, 편리한 시설은 가족이나 친구들끼리 머물기에 부족함이 없다. 객실은 온돌 타입이며, 객실 내에서 취사나 바비큐는 할 수 없다. 고령은 포장 및 주문배달 시스템이 잘 갖춰져 있고, 전자렌지와 정수기는 관리동에 설치되어 있으니 객실 내 식사 시 이용하면 된다. 대가야생활촌 내 시설이나 여름에 개장하는 물놀이장을 이용할 계획이라면 한기촌이 편리한 숙소다. 기와마을 2~4인실 10만원, 8인실 18만원/ 초가마을 2인실 7만원, 4인 10만원, 6인 12만원

EDITOR'S TIP

7~8월엔 대가야생활촌 내 물놀이장이 개장된다. (월요일은 휴장)
한기촌 이용 시 반드시 홈페이지에서 예약할 것.
머무는 기간 동안 아침 저녁으로 대가야생활촌을 산책하면 좋다.

📍 대가야읍 신남로 81 ☎ 054-950-7180
🏠 www.daegayavillage.com

7~18 20 N N 15/11h

8~15 6 N Y 14/11h

02 생비원
고급 료칸이 부럽지 않아

해발 400m, 작은 금강산이라 불리는 가야산 자락에 동서로 뻗어있는 상비산 아래 위치한 조용한 한옥스테이다. 생비원 숙박이 특별한 이유는 전통방식으로 장을 담그는 배경희 대표의 요리가 있어서다. 수려한 자연경관과 단아하게 정돈된 객실들, 그리고 가야산 1급수의 물과 햇빛으로 담근 된장, 간장으로 맛을 낸 고급스런 요리를 경험하면 고즈넉한 일본의 료칸에 온 느낌을 받을 수 있다. 미리 예약하면 조식과 석식을 경험할 수 있는데, 이는 생비원에 머무는 가장 큰 이유가 될 수 있을 정도로 아주 특별하다. 장맛으로 평범한 식재료가 최고의 요리로 변신하는 마법을 경험할 수 있다. 사계절 맑은 계곡과 푸르름이 가득한 산책로를 즐기고 땅의 좋은 기운, 맑은 공기를 마시며 힐링하기 좋다. 가족, 커플 뿐만 아니라 30명 이상의 그룹을 위한 단독펜션도 있다. S자로 휘감긴 산길에 위치하므로, 초행길 운전 시엔 어두워지기 전 입실하는 것이 좋다. 대중교통 이용자라면 덕곡면사무소 앞까지 픽업서비스가 가능하다. 헤어드라이기, 욕실용품 등은 객실 내에 완벽히 구비되어 있다.

바비큐는 숯과 석쇠를 가져가면 무료, 숯과 석쇠 준비를 부탁하면 3만원에 이용이 가능하다. 여름철엔 돗자리를 무료 대여하니 바로 앞의 상비계곡과 주변 자연을 즐기도록! 6개의 일반 객실과는 별도로 복층으로 구성된 단체 전용 독채펜션이 있다. 30~100명까지 수용가능하다. 숙박은 60만원. 엿,두부,한과, 꽃떡, 다도체험, 야생화 심기 등 다양한 체험활동 1만원부터. 특히 3월엔 장담그기 체험을 할 수 있다. (된장체험 8kg, 30만원) 6월엔 장가르기를 하고 11월까지 숙성시킨다. 개별 항아리를 제공하여 관리해 준다.

📍 덕곡면 노리 755 📞 054-954-1528 🏠 www.hsbw.co.kr

5~20 8 N N Y 15/12h

03 미숭산 자연휴양림
예술 애호가의 선택

미숭산 자연휴양림은 빼어난 미숭산의 아름다운 자연경관을 즐길 수 있는 최고의 힐링 스팟으로 2012년 9월에 준공되었다. 숙소는 산림문화휴양관(1동), 숲속의 집(2동), 황토집(2동), 자작의 집 3동 등 친환경적인 자재를 사용한 숙박시설과 화장실, 운동장, 산책로, 등산로 등의 시설을 갖췄다. 특히 홈페이지를 통해 하루 2회 무료로 진행되는 고령생태숲 해설을 신청할 수 있는데 이는 아주 특별한 경험이다. 대가야 고령생태숲은 미숭산 북동 측 일원에 위치하며 산지 중부까지는 상수리나무와 소나무 그리고 졸참나무 등이 혼생하고 산지 능선 부 왕 정상부를 따라 신갈나무가 주종을 이룬다. 계곡을 따라 산지 상부까지는 비목나무를 볼 수 있다. 30분부터 1시간 30분 정도 소요되는 3개의 트레킹 코스가 숙소 주변에 있다.

미숭산(757m)은 고려 장군 이미숭이 이성계에 대항해 군사를 모으고 싸움을 벌였던 곳이다. 이미숭 장군 관련 유적들, 미숭산성의 성터와 성문의 잔해가 있고, 성문터 옆에 샘물도 있다. 정상엔 밀면 흔들리는 까딱바위가 있고 쌍림면 용리쪽에는 고찰 반룡사가 위치한다. 휴양림 근처에 자작나무숲이 있어 운치를 더한다. 산책코스와 등산코스도 훌륭하다.

📍 대가야읍 낫질로 672-99 📞 054-950-7406
🏠 www.misungsan.com

04 개실마을 한옥스테이
고령 할머니집 놀러가자

개실마을은 62가구, 158명이 살고 있는 작은 마을로 조선 영남사림학파의 종조인 점필재 김종직 선생의 후손들의 집성촌이다. 무오사화때 화를 입은 김종직의 5대손이 1650년 경에 이 마을로 피신하여 은거하며 살았다. 마을 뒤로는 화개산과 깊은 대나무숲이 있고 앞으로 소하천이 흐르는 전형적인 배산임수의 형태다. 오밀조밀 펼쳐진 한옥들, 낮은 흙담길, 우물 등이 정겹다. 350년의 전통을 이어가고 있는 예쁜 마을에서 전원생활을 즐겨보자. 총 24개의 가옥에서 숙박을 운영하고 있는데, 가장 큰 기쁨은 할머니들이 차려주는 따뜻하고 소박한 조식상이다. 타 지역의 한옥 스테이보다 가격도 월등히 저렴하다. 대부분 주방시설이 되어 있어 취사도 가능하고, 단독 욕실이라 불편한 점이 크게 없다. 세면도구 구비, 야외 바비큐도 가능하다. 100년된 대나무숲과 잉어배미의 전설이 담긴 연못, 대밭골, 서쪽 산에 있는 도적골 등을 둘러보거나, 화개산 등산, 십자봉 전망대까지 도보로 걸어볼 수 있다.

엿, 유과 등 전통 음식 체험은 물론, 딸기, 옥수수, 고구마 등의 수확 체험, 대나무 물총, 연, 야생화 화분, 짚공예 등의 만들기 체험, 미꾸라지 잡기, 얼음 썰매 타기, 야생화 관찰, 뗏목 타기 등 자연체험이 있어 아이를 동반한 가족이 머물기 좋다. 조식은 요청시 가능하다(10,000원). 고기와 숯만 준비하면 바비큐도 가능하다.
조식이 맛있는 집은 덕동댁, 10인 이상 단체가 가능한 곳은 연풍고가, 석정댁 등이다.
개실마을 특산품 구매도 가능하다. 한과세트 100,000원, 개실유과 30,000원, 쌀엿 25,000원, 조청 15,000원, 딸기잼 12,000원 등

📍 쌍림면 합가리 243-5 개실마을 ☎ 054-956-4022
🏠 www.gaesil.net

5~　24　Y　N　Y　14/11h

05 왕가마을펜션 (대가야역사테마관광지 내)
대가야읍 한 가운데 편리한 위치

대가야의 역사를 테마로 조성된 역사테마관광지의 연계 숙박지인 왕가마을펜션은 축제장 및 주산 고분 트레킹길, 왕릉전시관, 대가야박물관 등 고령 최고의 볼거리들과 가깝게 위치해 있다. 대가야역사테마관광지 입구를 지나 안쪽 깊숙히 자리한 10동의 통나무 펜션이다. 고분 트레킹 길과 이어져 있는 펜션들은 포근하고 편안하며 벽과 바닥 및 지붕까지 모든 것이 나무로 지어져 자연친화적이다. 각 동간 거리도 확보되어 있어 프라이버시도 지켜준다. 4인실 2채, 6인실 5채, 8인실 3채 등 총 10동의 왕가마을 펜션 외에도 4인, 6인, 8인,12인까지 머물수 있는 펜션 형태의 인빈관도 있다. 홈페이지에서 매월 1일 10시부터 익월 이용분에 한해서만 예약이 되니 과정이 조금 까다롭다는 단점이 있다. 바비큐는 오후 5시부터 지정장소에서 가능하다.

2009년 개장한 대가야역사테마관광지는 2019년부터 입장료가 무료로 전환되었다. 역사테마관광지 내의 다양한 시설, 볼거리와 함께 여름엔 물놀이장까지 즐길 수 있어 왕가마을펜션은 인기있는 숙소다. 도자기만들기, 아로마, 압화, 한지공예 체험등의 체험프로그램이 운영되고 있다.

📍 대가야읍 대가야로 1216 ☎ 054-950-7030
🏠 www.daegayapark.net

10~15　10　N　N　Y　15/11h

06
예마을 카라반, 펜션
가족에게 추천, 펜션 스타일의 숙소

예마을은 숙박시설, 야외 물놀이장, 카라반, 오토캠핑장 등을 고루 갖춘 작은 가족형 리조트라 볼 수 있다. 숙소는 카라반과 펜션 두가지 타입인데 그 중 카라반은 총 6채, 펜션은 5실이다. 북유럽 스타일의 깔끔하고 모던한 디자인의 카라반은 야외 데크, 독립된 주방과 화장실 등을 갖추어 4명부터 어린이 포함 최대 6인까지 럭셔리한 캠핑을 즐기며 투숙할 수 있다. 카라반을 선호하지 않는다면 5개의 펜션을 이용하면 된다. 6인 기준, 최대 8인까지 머물 수 있으며 온돌 또는 침대방 중 선택할 수 있다. 카라반과 펜션 둘 다 가격은 같다.(비수기 주중 8만원, 주말 13만원이며 성수기엔 주중 12만원, 주말 16만원) 30~60인이 이용가능한 단체용 객실도 있는데 평일 35만원 주말 45만원, 성수기엔 평일 45만원, 주말 50만원이다. 펜션 테라스에서 바비큐도 가능하다. 숯 5000원, 그릴 석쇠, 토치 대여료 1만원이다. 투숙객에는 야외 물놀이장 입장료가 할인된다.

EDITOR'S TIP

180m의 긴 유수풀이 있는 예마을 물놀이장은 대가야생활촌 및 테마관광지의 물놀이장보다 규모가 커 어른도 같이 즐길 수 있다. 물놀이장은 여름에만 개장한다. 배달 음식 불가, 대형 아이스박스 및 통과일, 주류 반입 금지, 취사 금지의 조건이 있다. 입장료 7000원, 단체 6000원, 숙박객 또는 고령군민은 5000원이다. 구명조끼, 튜브, 원두막 대여, 몽골텐트 대여 등 가능하다. 가야산, 성주, 합천 등이 가깝게 있어 고령에 머문 후 다른 지역 연계관광 시 머문다면 위치상 편리하다. 다양한 체험활동을 운영하는데 딸기 체험은 1월부터 5월까지만 가능하다.

📍덕곡면 덕운로 816 📞054-954-5555  www.yegogo.co.kr

8~16 | 11 | N | N | Y | 14/11h

DINING

숨겨진 식도락의 고장, 고령의 진미들

01 두레두부마을
오늘 아침 두부

8 6 $$

직접 농사 지은 콩으로 매일 두부를 만드는 두부요리 전문점. 이것저것 푸짐하게 맛보려면 두부보쌈과 순두부찌개로 구성된 두레정식이 정답이다. 엄나무, 당귀, 감초 등을 넣고 삶은 노르스름한 보쌈고기에 뽕잎장아찌, 해방풍나물무침 등 흔히 맛보기 어려운 반찬들이 한 상 가득 깔린다. 순결한 빛깔의 순두부 수프부터 26가지 약재가 들어간 녹용감주까지 모든 코스가 순하고 부드러워 속을 편안하게 달래준다. 여름에 들렀다면 계절 별미인 콩국수를 놓치지 말자. 배, 잣 등으로 맛을 낸 고소하고 걸쭉한 국물이 서울의 그것과는 비교불가다.

EDITOR'S TIP 식당 뒤편에 사슴농장이 있다. 아이가 있는 가족이라면 재미 삼아 둘러봐도 좋을 듯!

📍 대가야읍 덕운로 45 ☎ 054-954-3323
🕘 9:30~21:00

02 녹원가
맛있는 고기, 더 맛있는 솥밥

12 6 $$

녹원가의 주 메뉴는 불고기에 솥밥을 곁들인 정식이다. '대상' '금상' '은상' '특별상' 등으로 나눈 메뉴 이름이 재미있다. 최소 '금상' 이상을 주문해야 원플러스 등급의 고급 한우와 직접 거둔 쌀로 지은 솥밥의 환상적인 컬래버레이션을 경험할 수 있다. 고기류 또한 한우불고기뿐 아니라 양념오리, 삼겹살, 보쌈 등 선택지가 다양해 가격 부담 없이 방문하기 좋다. 솜씨 좋은 어머니의 손맛과 산나물박사라 불리는 시어머니의 해박한 지식을 물려받은 이경미 대표는 남편과 주위 친구들이 직접 농사지은 재료를 미리 준비해두었다가 주문 즉시 그 자리에서 볶고 무친다. '관광업계 종사자 미소국가대표'에 위촉된 주인장의 수줍은 미소는 보너스.

📍 대가야읍 장기터길 10-6 ☎ 054-954-4277
🕘 11:30~22:00, 둘째 넷째 목 휴무

03 소문난 할매국밥
박력 넘치는 시장 국밥

10 4 $

장날이면 난쏠들로 북석이는 고령 내가야시장의 명물. 걸걸한 목소리의 주인 이모들이 국밥과 순대를 빛의 속도로 나른다. 터프한 시장 음식에 약한 서울 촌뜨기라면 순대국밥, 모험심 강한 미식가라면 암뽕국밥에 도전해볼 것을 권한다. 암뽕은 암퇘지의 자궁(아기보)을 일컫는데 연하면서도 쫄깃한 식감이 일품이다. 머리고기와 내장이 그득 들어간 국밥에 부추무침을 수북이 올려 먹으면 속이 든든하다 못해 바지단추가 절로 풀린다. 보들보들한 아기보에 순대까지 포함된 수육모둠 역시 애주가라면 지나치기 힘든 메뉴. 주위를 둘러보니 어르신들은 이미 한잔 꺾은 지 오래다.

 장날(4, 9일) 일찍 방문해 이곳에서 아침을 먹고 시장을 둘러보는 일정을 추천. 인근에 무료 공영주차장이 있다.

📍 대가야읍 시장길 41 ☎ 054-955-4154
🕘 07:00~21:00

04 대원식당
속 풀리는 보양식

6　5

흔히 접하기 어려운 인삼도토리수제비와 꿩만두를 맛볼 수 있어 현지 미식가들이 즐겨 찾는다. 인삼도토리수제비는 대추, 잣, 버섯, 은행, 도토리 등을 넣고 푹 끓인 국물에 쫀쫀한 수제비를 더한 보양식으로 쌀쌀한 날 한 그릇 비우면 몸이 후끈 달아오른다. 언뜻 어르신 취향일 것 같지만 달착지근한 소고기 육수 덕에 초딩 입맛에도 착 감긴다. 취향에 따라 날달걀과 매운 양념을 풀어 먹는 인삼콩나물해장국도 해장용으로 인기다.

📍 쌍림면 대가야로 691　☎ 054-955-1500
🕘 평일 09:00~21:00, 주말 8:00~21:00

05 영남식육식당
믿을 수 있는 정육식당

10　5　$$

고령시외버스정류장 근처에 있는 오래된 식육식당으로 질 좋은 한우와 한돈을 부위별로 맛볼 수 있다. 가볍게 항정살이나 구워먹을까 싶어 들렀다가 예정에 없던 한우 안심이며 갈비살 따위를 주문하게 되는 곳이다. 식육식당은 정육점과 식당을 겸한 정육식당의 다른 명칭으로 경상도와 전라도에서는 아직도 식육점, 식육식당이라는 말을 쓴다. 고령군에서 모범업소로 지정한 이곳은 축산물 등급 판정확인서를 상시 공개하고 있어 더 믿음이 간다.

 바비큐 캠핑을 계획하고 있다면 마트보다는 식육식당을 이용할 것!

📍 대가야읍 중앙로 22　☎ 054-954-2303
🕘 11:00~15:00, 17:00~21:30

06 개경포 주막
낙동강도 식후경

10　3　$

낙동강 수로를 이용해 개경포를 거쳐 해인사로 팔만대장경을 옮긴 것을 기념해 조성한 공원인 개경포기념공원에는 개경포 부녀회에서 운영하는 '개경포 주막'이 있다. 보기만 해도 입에 침이 고이는 감자전(7,000원)과 막걸리(1되 5,000원)를 파는 곳이다. 유유히 흐르는 강을 바라보며 마시는 막걸리 한 잔의 여유. 여행자의 하루는 또 이렇게 저물어간다.

📍 개진면 개경포로 681
☎ 054-950-7008
🕘 개경포 주막 10:30~17:30, 월 휴무

07 신가네손칼짬뽕
줄 서서 먹는 짬뽕

20　5　$

소설가 김영하는 한 TV프로그램에서 '바닷가마을에 가면 짬뽕을 먹어야 한다'는 소신을 피력한 바 있다. 그러나 장안의 식도락가들은 해안과 내륙을 가리지 않고 짬뽕을 찾는다. 짬뽕이야말로 미식의 척도라는 믿음 때문이다. 신가네칼짬뽕은 고령에서 손에 꼽는 중국집으로 평일 점심에는 줄을 서야 할 정도로 인기 있다. 오픈 초기에는 칼국수 면을 고집했으나 지금은 일반적인 면을 사용하며 꽃게가 들어간 해물짬뽕과 잡내 없이 칼칼한 고기짬뽕이 명물이다.

 배달은 안되지만 포장은 가능!

📍 쌍림면 대가야로 897　☎ 054-956-8898
🕘 10:00~19:30(주문마감), 월 휴무

08 금산한우
구이 중에 최고 한우 구이

 6   8 $$$

금산한우의 허복선 대표가 소를 기르고 팔기 시작한 지 이제 곧 30년이 된다. 축산물 이력제가 없을 때부터 고령에서 처음으로 비육자 실명제를 홀로 시행한 식육업자 출신답게 고기 맛이 무척 솔직하다. A1++등급 한우만 사들여 가장 식감이 좋은 형태로 썰어낸다. 육질이 부드럽고 기름진 꽃등심도 매력적이지만 고기의 결이 세세하게 느껴지는 갈빗살도 둘째가라면 서럽다. 숯가마에서 가져온 참숯의 향긋함과 안주인이 손수 담근 장아찌 반찬 역시 이 집의 큰 매력이다.

📍 성산면 성산로 946-5
📞 054-954-4484
🕙 10:00~21:00 매월 마지막주 일요일 휴무

09 찬살이
농부의 땀이 차린 한 상

 3   3 $$

농촌진흥청은 농가에서 직접 재배한 식재료와 지역 농산물을 활용하는 우수 음식점을 '농가맛집'이란 이름으로 선정해 지원한다. 찬살이는 고령 지역의 대표적인 '농가맛집'으로 식당 바로 옆에서 키운 들깨, 참깨, 고추 등의 신선한 식재료가 곧장 요리되어 상에 오른다. 가격대별로 3가지 정식 메뉴가 있는데, 1인당 2만원짜리를 주문하면 경북 특산품인 간고등어와 한우 아롱사태 수육, 한우 쇠고기 버섯전골, 청국장 등이 한 상 가득 오른다. 특히 들깨의 꽃을 말려 튀긴 들깨꽃 부각과 깨알이 톡톡 터지는 들깨꽃 버섯전이 별미다.

 식당 앞에 있는 텃밭에서 들깨와 참깨의 향을 맡아볼 것!
📍 대가야읍 큰골길 208 📞 054-954-1466
🕙 11:30~20:00 매주 화요일 휴무(예약제로만 운영)

10 월산복어
내륙에서 만난 해물 명가

 6   12 $$

내륙이라고 해물이 맛없다는 건 편견이다. 월산복어는 대가야읍에서 복어회, 복찜, 복지리를 비롯해 해물찜, 아귀찜 등 다양한 고급 해물요리를 맛볼 수 있는 거의 유일한 곳이다. 목포와 부산에서 직접 들여온 싱싱한 복만을 사용하는 것이 이곳의 원칙. 월산복어만의 정갈한 복지리와 푸짐한 해물찜에 반해 멀리서도 부러 찾아오는 손님이 적지 않다.

 예상보다 양이 훨씬 푸짐하니 적량으로 시킨 뒤 추가로 주문하길.
📍 대가야읍 일랑로 33 📞 054-956-8600
🕙 10:00~22:00 매주 일요일 휴무

11 똥스
두툼하고 쫄깃한 암퇘지구이

 5 5 $$

여행지에서 먹는 삼겹살은 두 배로 맛있다. 똥스는 퀄러티 높은 암퇘지를 직접 구워주는 고령의 몇 안 되는 고깃집 중 하나로 삼겹살은 1.5cm, 목살은 3.0cm 이상 두께로 제공한다. 서비스가 훌륭하고 인테리어도 깔끔한 편이라 노포의 불편함에 살짝 지쳤을 때 방문할 만하다. 저가로 유통되는 경매돼지가 아닌 직거래농장에서 사육한 돼지를 고집하며, 참나무를 두 번 태워 만든 참숯을 사용해 고기의 비린 맛이 덜하다.

📍 대가야읍 월기길 33　📞 054-954-0089
🕐 11:00~24:00, 첫째 셋째 월 휴무

12 송이식당
버섯나라 낙지공주

9　2　$

이름에서 짐작할 수 있듯 주력 메뉴가 버섯이다. 버섯탕, 버섯전골 등의 메뉴를 하나 시키고 여기에 낙지볶음을 곁들이면 게임 끝! 버섯탕에는 새송이, 느타리, 표고, 팽이 등 웬만한 버섯이 다 들어간다. 소고기, 인삼, 생강 등을 넣고 푹 우린 육수는 그야말로 소울푸드 같은 맛. 적당히 매콤한 낙지볶음은 냉동낙지를 자연 해동한 뒤 소금물에 치대어 활낙지처럼 쫄깃하다. 달걀프라이가 든 그릇에 밥과 낙지를 넣고 쓱쓱 비벼 먹으면 잠들었던 입맛이 번득 깨인다.

📍 대가야읍 주산길 14-1　📞 054-956-5353
🕐 11:30~19:00

13 황토식당
묵은지에 어탕국수, 그리고 스무주

 9 4 $$

메뉴가 많은 집에서 이렇게 모든 요리가 훌륭하기란 매우 힘들다. 갓 잡은 잡어로 끓인 어탕국수며 3년 삭힌 묵은지를 넣고 찐 한우갈비찜이며 모두 수준급의 맛을 자랑하는 곳. 특히 닭도리탕의 달지 않고 칼칼한 간이 일품이다. 그러나 이 집에서 반드시 맛봐야 할 것은 바로 주인이 직접 담근 스무주. 스무 날 만에 첫 술을 뜨고 백일 동안 후주를 떠낸 스무주는 고령을 대표하는 가양주로, 애주가들 사이에서 명성이 높다. 매콤한 묵은지와 달콤한 스무주의 조화는 겪어보기 전엔 모른다.

 **EDITOR'S TIP** 스무주는 다른 곳에서 구하기 어려운 술이니 기념으로 한 병 사두자.

📍 대가야읍 덕운로 107　📞 054-954-3870
🕐 11:00~20:00(하절기 21:00 마감), 둘째 넷째 월 휴무

14 가는날이 장날
뒷고기의 신세계

5　3　$

오래 전 우시장이 있던 고령 대가야시장 일원에는 돼지부속을 쓰는 국밥집이 많았다. '가는 날이 장날'도 처음에는 돼지국밥을 장날 주 메뉴로 내세웠지만 남은 뒷고기가 아까워 구워 팔기 시작했다. 그러던 것이 언젠가부터 뒷고기가 더 잘 팔리기 시작하더니, 이제는 한 달에 하루만 쉬는 상설 영업집이 됐다. 뒷고기 한 판을 시키면 볼살, 눈살, 뒤통수살 등 보통의 돼지고깃집에서는 보기 어려운 특수부위들이 호방하게 섞여 나온다. 둘이 먹기에 충분히 넉넉하다.

 **EDITOR'S TIP** 다른 특수 부위가 없는지 물어보면 슬쩍 내주기도 한다.

📍 대가야읍 시장3길 29　📞 054-954-0734
🕐 11:00~22:00, 첫째주 5일 휴무

CAFE & SWEETS

의외로 예쁘고 상상 이상으로 흡족한 고령의 카페와 주전부리들

01

르뮈제
책과 피자가 있는 북카페

대가야역사테마관광지 초입에 호젓하게 자리한 복합문화공간으로 좌식형 북카페가 있어 잠시 쉬어가기 좋다. 이따금 시 낭독회가 열리기도 하는, 고령 문인들의 사랑방 같은 곳이다. 주인의 남편이 원두로 유명한 '전홍태 커피'를 운영하고 있어 커피 맛에 특히 신뢰가 간다. 엄선한 재료로 구운 마르게리타 피자, 고령의 로컬푸드로 만든 라테 등 메뉴도 하나 같이 알차다. 가게 한쪽을 채운 그릇과 소품은 주인이 세계를 여행하며 다람쥐 도토리 줍듯 수집한 기념품으로, 대부분 구입이 가능하다. 울창한 숲에 둘러싸인 야외정원은 고령에서 손꼽히는 하우스웨딩 명소다. 커피 3,500원~, 차 5,000원~, 요거트 스무디 5천원, 리코타 치즈 샐러드 13,000원, 마르게리타 피자 13,000원.

📍 대가야읍 대가야로 1216 ☎ 054-956-0036
🕙 10:00~22:00
대표 마르게리타 피자, 요거트 스무디

7 35 $

02 징검다리연구소
폐교에서 즐기는 커피 한 잔

우곡면 도진리에 있는 폐교를 임대해 복합문화공간으로 꾸몄다. 원래 있던 창틀과 바닥을 그대로 살리고 고장 난 것들만 살짝 보수해 학교 건물 특유의 노스탤지어를 살렸다. 구석구석이 포토존이라 할 만큼 세심한 부분까지 신경 쓴 태가 역력하다. 이따금 결혼식장으로 변신하는 건물 1층에는 애견동반이 가능한 '드로우 커피'가 있다. 주인 가족이 기르는 반려견과 손님들이 데려온 강아지들이 자유롭게 뛰노는 이색 카페다. 운동장을 활용한 낭만적인 야외 캠핑장도 곧 개장할 예정. 고령에 있을 법하지 않아 더 반가운 그런 공간이다. 커피 4,500원~, 스무디 7,000원, 차 5,000원~, 포테이토 에그 샌드위치 4,500원, 에그 타르트 2,500원.

📍 우곡면 도진3길 26-13 📞 054-956-5850
🕐 평일 11:00~22:00, 주말 11:00~21:00, 월 휴무
대표 포테이토 에그 샌드위치, 계절 스무디
🏠 Zingumdari.com 📷 @zingumdari

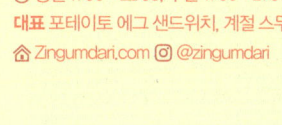
5 15 $$

03 개진감자 고로케
경주의 황남빵을 위협하는 고령의 다크호스

고령 대가야시장 초입에 자리한 이 작은 가게는 고령의 특산물인 개진감자를 재료로 달걀, 참치, 크림새우 등 다양한 소를 채운 고로케를 만든다. 청소년 오케스트라 단장으로 활동하는 재주 많은 주인이 경주의 황남빵 같은 고령만의 명물을 만들고자 밤낮으로 연구해 내놓은 메뉴인데 오후 늦게 가면 남아있는 빵이 거의 없을 정도로 반응이 뜨겁다. 아침 일찍 방문해 바삭하고 속이 꽉 찬 고로케에 따뜻한 아메리카노 한 잔으로 하루를 시작해보자. 직접 담근 청으로 만든 에이드도 군민들 사이에서 입소문이 자자하다. 고로케 2,000원, 커피 3,000원~, 에이드 5,000원.

📍 대가야읍 대가야로 1299
📞 054-954-0077
🕐 06:00~21:00
대표 매콤참치 고로케, 크림새우 고로케, 수제청 자몽 에이드

8 18 $

04 전홍태 커피
전통시장에서 만나는 스페셜 티 드립 커피

오일장이 열리는 장터에서 이처럼 수준급의 커피를 마실 수 있다는 건 고령에서만 누릴 수 있는 행운이다. 30년 가까이 공무원 신분이었던 전홍태 대표는 제2의 인생을 꿈꾸며 명예퇴직을 결심하고 이후 바리스타의 길을 걷기 시작했다. 매일 로스팅한 콩을 사용해 한잔 한잔 정성껏 내린 그의 커피는 고령 사람들의 커피에 대한 인식을 차근차근 바꿔가는 중이다. 깊은 맛을 섬세하게 표현하기 위해 예가체프를 기초로 다양한 스페셜티 원두를 섞어 사용하며, 지난해에는 몇 년의 시음과 연구를 거친 끝에 '가야금의 향기'라는 이름의 콜드브루 커피를 내놓았다. 커피 3,000원~, 핸드드립 5,000원, 아이스티 2,000, 에이드 3,500원.

📍 대가야읍 시장3길 29 나동 219호
📞 010-3806-3219
🕐 11:00~17:00, 주말 휴무, 장날(4, 9일)은 상시 오픈 10:00~19:00 **대표** 아메리카노, 핸드드립

N 12 $

05 퐁텐블루
고령의 프렌치 감성

아들 둘의 엄마인 황은혁 대표는 은퇴 후 귀촌한 부모님을 따라 최근 고령에 자리를 틀었다. 모험심 강한 남편의 격려에 힘입어 시작한 시골살이. 도시 생활에 익숙한 그녀로서는 중심을 잡아줄 무언가가 필요했다. 한가로운 농촌에 이처럼 근사한 가정집 같은 카페가 들어선 이유다. 퐁텐블루의 모든 디저트는 프랑스 발효버터와 유기농 밀가루, 황 대표의 아버지가 양봉한 꿀 등을 재료로 그녀가 직접 만든다. 마리아주 프레르 티를 홀짝이며 폭신한 다쿠아즈를 우물거리고 있으니 정녕 여기가 시골이 맞나 싶다. 창마다 액자처럼 담긴 가야산과 도시에서는 보기 어려운 너른 야외정원이 우리의 위치를 새삼 일깨운다. 다쿠아즈 3,500원, 커피 5천원~, 차 5천원, 모히토 에이드 7천원, 스무디 7천원.

📍 덕곡면 덕운로 837 ☎ 070-8801-2416
🕐 11:30~20:00, 화 휴무
대표 다쿠아즈, 마들렌, 블루베리 스무디, 모히토 에이드
📷 @cafe_fontainebleau

2 15

06 에이치 테이블
건강하고 달콤한 수제청의 맛

홍대 골목에 숨어있을 법한 작고 빈티지한 카페가 화원유원지 근방 다산면에 조용히 문을 열었다. 꽃과 식물로 산뜻하게 꾸민 실내부터 주방과 홀을 차분히 오가는 주인까지, 가게에는 기분 좋은 평화로움이 감돈다. 수제청부터 디저트까지 모두 직접 만드는 에이치테이블에서는 '수제'라는 표현이 오히려 낭비처럼 느껴진다. 특히 직접 담근 키위청으로 만든 모히토와 목요일부터 토요일까지 한정 판매하는 티라미수는 몰디브와 이탈리아가 부럽지 않은 맛이다. 미니 냉장고에 칸칸이 들어찬 잼과 수제청은 선물용으로 인기. 이 모든 정성을 이처럼 착한 가격에 누리다니, 고령 사람들은 참 좋겠다. 커피 3,500원~, 키위 모히토 4,800원, 수제 티라미수 5,500원, 스콘 2,500원~, 옛날 빙수 7천원, 수제청 3,500원~.

📍 다산면 상곡길 22-19 ☎ 010-9098-6456
🕐 11:00~21:00, 일 휴무
대표 아인슈페너, 스콘, 키위 모히토, 수제 티라미수
📷 @h.table_official

5 28

07 진미당제과
고령 어르신들의 추억이 담긴 찹쌀떡

2대째 이어오는 50년 전통의 제과점으로 나이 지긋한 고령 어르신들이 학창시절 방앗간처럼 드나들던 곳이다. 진미당의 명물은 단연 찹쌀떡! 오븐에 구운 호두를 섞은 팥소가 맛의 비결이다. 눈 밝은 여행자들은 찹쌀떡만 몇 박스씩 사갈 정도라고. 냉동실에 쟁여두었다 그때그때 자연 해동하면 두고두고 먹을 수 있다는 것이 현지인의 팁이다. 수십 년 전부터 팔던 컵케이크와 소보루빵도 여전히 가게 한 구석을 지키고 있다. "있으면 팔고 없으면 안 판다"는 쿨한 영업 철학을 고수하는 곳이니 반드시 문의 후 방문할 것. 찹쌀떡(7개) 6천원, 못난이빵 1,000원, 파운드빵 1,500원, 컵케이크 1,500원. 택배 주문도 가능! (주문전화: 010-8665-2743, 010-8801-2743)

📍 대가야읍 시장길 8-1
📞 054-954-2743
대표 찹쌀떡, 소보루빵

30　　0

08 한성환베이커리
밥보다 든든한 식사빵 천국

현지인들이 앞다퉈 추천한, 믿고 먹는 동네 빵집. 카페가 귀한 고령에서 제법 쾌적한 환경을 제공하는 곳이다. 찹쌀에 굴려 만든 꽈배기부터 아몬드를 솔솔 뿌린 인절미 토스트까지 도시에서 보기 드문 추억의 메뉴가 많아 눈이 즐겁다. 시식 빵만 먹어도 배부를 정도로 후한 인심은 서비스. 24시간 발효시킨 저온숙성 빵을 고집하며 당일 생산, 당일 판매를 원칙으로 한다. 찹쌀 꽈배기 1,500원, 인절미 토스트 3,500원, 공갈빵 2천원, 커피 1,500원~.

📍 대가야읍 왕릉로 105
📞 054-954-9337
🕒 07:30~22:30
대표 바게트, 찹쌀꽈배기, 피자빵

30　　2

09 카페테리아 누리
지산동 고분군이 내다보이는 숨은 명당

첨단 시설을 자랑하는 복합문화공간 대가야문화누리 안에 이런 공간이 숨어있다. 고분군이 한눈에 들어오는 전망은 낮에도 근사하지만 밤에 보는 편이 훨씬 운치 있다. 돈까스, 비빔밥, 스파게티, 피자 등의 먹거리는 물론 맥주와 안주류도 제법 다양하게 마련되어있어 하루 여정을 마무리하기 좋다. 가을에는 분수대가 훤히 내다보이는 야외 테라스가 명당이다. 유아용 의자가 준비되어있다. 돈가스 11,000원~, 스파게티 11,000원~, 병맥주 4천원~, 커피 2,500원~.

📍 대가야읍 왕릉로 30 대가야문화누리 4층
📞 054-956-1660
🕒 10:00~22:00
대표 치즈돈가스, 허브 불고기 비빔밥

17　　20

CULTURE & EXPERIENCE

고령을 더 깊숙이 들여다보게 만드는 공간들.

01
대가야역사관
대가야박물관의 최고 볼거리

대가야박물관은 대가야역사관과 대가야왕릉전시관으로 나뉜다. 대가야역사관은 현재 전시 개편으로 인해 2020년 4월 까지 휴관이다. 2020년 4월 이후 고령에 방문한다면 가장 시간을 들여 둘러볼 곳이 대가야역사관이다. 이 곳에는 구석기시대부터 근대에 이르는 고령의 역사와 문화, 유물이 총망라 되어있다. 특히 장기리 바위그림, 통일신라 때의 화강암 석탑인 삼층석탑, 반룡사 다층석탑, 토기들 등을 둘러보며 대가야의 과거와 현재의 모습을 배울 수 있다.

- 대가야읍 대가야로 1203 054-950-7103
- 하절기(3~10월) 09:00~18:00, 동절기(11월~2월) 09:00~17:00, 월 휴관
- 일반 1000원, 청소년(만7세~만 18세) 700원, 유아 및 노인 무료
- www.daegaya.net

02
대가야왕릉전시관
왕릉 속 대탐험

대가야박물관의 일부인 대가야왕릉전시관은 고분 트레킹 후 반드시 관람해야 할 방문지다. 대규모 순장무덤인 지산동 44호분 내부를 원래 모습 그대로 재현한 곳으로 무덤의 구조와 축조방식, 왕과 순장자들의 매장 모습 등을 실제에 가깝게 정리해 놓았다. 돔 형태의 지붕까지 실물 크기로 복원한 왕릉에 들어서면 흡사 피라미드 속을 걷는 듯한 전율이 느껴진다. 돌방에 누운 마네킹의 크기에서 대가야 사람들의 아담한 제격을 짐작할 수 있다.

- 대가야읍 대가야로 1203 054-950-7103
- 하절기(3~10월) 09:00~18:00, 동절기(11월~2월) 09:00~17:00, 월 휴관
- 일반 1000원, 청소년(만7세~만 18세) 700원, 유아 및 노인 부료
- www.daegaya.net

03 우륵박물관
고령 하면 가야금, 가야금 하면 우륵

가야금의 세계로 들어가기 위해 필수로 거쳐야 할 코스! 우륵의 생애와 가야금의 기원에 대한 자료가 영상과 그래픽으로 깔끔하게 정리되어있어 1시간 남짓한 관람시간이 전혀 지루하지 않다. 가야금, 아쟁, 해금 등 전통 국악 현악기를 비교 전시해둔 것은 물론 악기 소리를 직접 청취할 수 있는 코너도 마련되어있다. 박물관을 모두 둘러보았다면 이제 옆 동네인 가얏고마을로 향할 차례.

- 대가야읍 가야금길 98
- 054-950-7136
- 하절기(3월~10월) 09:00~18:00, 동절기(11월~2월) 09:00~17:00, 월 휴무
- 무료
- www.daegaya.net

04 대가야역사테마관광지
드라마촬영지이며 작은 영화관과 물놀이장이 있는 곳

아이유가 출연한 드라마 〈프로듀사〉 촬영지로 고령에서 나름 유명세를 탔다. 대가야의 의식주와 생활상을 엿볼 수 있는 고대가옥촌과 각종 체험관이 시설의 중심이긴 하나 즉물적 재미를 좇는 여행자의 시선은 영화관, 펜션, 물놀이장, 카페 등 다양한 부대시설에 머문다. 2개관 99개석을 갖춘 대가야시네마의 경우 단돈 6,000원에 최신영화를 관람할 수 있다. 황당할 정도로 작은 규모이지만 팝콘, 오징어 등의 먹거리를 판매하는 등 웬만한 구색은 다 갖췄다.

- 대가야읍 대가야로 1216 / 054-950-7002~8, 7030
- 하절기(3~10월) 9:00~18:00 / 동절기(11~2월) 9:00~17:00
- 무료 / www.daegayapark.net

05 고령요
폐교에서 도자기 쇼핑을

고령 최초의 무형문화재인 토인(土人) 백영규 선생의 도예전수관으로 2008년 폐교가 된 초등학교 건물을 고스란히 작업실로 쓰고 있다. 도자기 명문가의 자손으로 60년 넘게 도예 작업에 매진해온 그의 작품은 오묘한 빛깔과 풍부한 질감이 매력이다. 소담한 찻사발부터 육중한 달항아리까지, 명장의 다양한 작품을 직접 만져보고 구입할 수 있다.

- 개진면 개경포로 160
- 054-955-9449

06 가얏고마을
내가 만든 가야금을 '득템'하는 즐거움

모든 악기가 그렇겠지만 특히 가야금은 직접 연주해봐야 그 강렬한 떨림을 생생하게 느낄 수 있다. 25세대 80여명이 한 가족처럼 살고 있는 가얏고마을은 우륵의 활동지였던 대가야읍 쾌빈리에 자리하고 있다. 우륵 선생이 가야금을 연주하니 '정 정' 소리가 난다 하여 이른바 '정정골'로 불리는 곳이다. 숙박시설을 갖춘 가얏고마을에서는 다양한 체험 프로그램을 운영하고 있는데 그 중 가장 유명한 것이 '가야금 연주 체험'과 '가야금 제작 체험'이다. 특히 매년 두어 차례에 걸쳐 가족 단위로 진행하는 '가야금 제작 체험'의 경우 12현 가야금을 직접 제작해 집으로 가져갈 수 있어 신청 경쟁이 치열하다.

📍 대가야읍 정정골길 55
📞 054-956-1799 (가야금 연주 체험), 054-950-6314~5 (가야금 제작 체험)
💰 가야금 연주 체험 7,000원(10명 이상 예약 가능), 가야금 제작 체험 600,000원(매 기수당 체험단 15가족(최소 가족 2인 이상 가족체험단 구성, 4인 가족 우선 선정))
🏠 www.gayatgo.net

07 예마을
리조트형 체험마을

합천에서 가까운 덕곡면에 위치한 예마을은 개실마을, 가얏고마을과 더불어 고령의 대표적인 체험마을 중 하나로 인기 있는 곳이다. 그러나 '마을'이라는 단어에서 농촌체험이 연상된다면 이곳에서는 그 동안의 고정관념에서 벗어날 수 있다. 안전하고 깨끗한 시설, 수려한 자연과 풍성한 즐길 거리와 특색 있는 체험들로 가득한 예마을에서는 리조트 스타일의 휴가를 보낼 수 있다. 총 면적 16500㎡에 숙박시설, 야외물놀이장, 잔디광장, 카라반, 오토캠핑장, 체험장 등을 고루 갖추고 있다. 숙박시설도 카라반과 펜션 두가지 타입으로 가족들이 지내기 편리하며 여름엔 야외물놀이장이 개장되어 어린이들에게 인기가 좋다. 딸기농장들이 가까이에 있어 딸기따기체험, 딸기청 만들기 등의 체험활동이 가능하다.

📍 덕곡면 덕운로 816
📞 054-954-5555
🏠 www.yegogo.co.kr

08 개실마을
시골 인심, 농촌 체험은 여기에서!

쌍림면에 위치한 개실마을은 김종직 선생의 후손들인 일선 김씨들의 집성촌으로 350여년간 전통을 이어오고 있는 고령의 대표적인 체험마을 중 하나다. 점필재 김종직 선생은 조선 중엽 영남사림학파의 증조이다. 현재 62가구, 158명이 대나무숲이 둘러싸인 아름다운 부지에 옹기종기 모여산다. 개실마을에서의 휴가는 특별하다. 주민들이 살고 있는 집에서 숙박하며 엿만들기, 한과만들기, 한지공예, 연만들기 등의 다양한 체험 프로그램에 참가하면서 시골 마을의 풍류를 체험할 수 있다. 주인댁 할머니가 지어주는 집밥 경험은 개실마을에 머무르는 가장 큰 즐거움이기도 하다.

📍 쌍림면 합가리 243-5
📞 054-956-4022
🏠 www.gaesil.net

09 대가야 생활촌
대가야의 생활상을 보고 느끼는 체험

고대 최고의 철기 문명국이었던 대가야의 생활상을 재현한 체험시설로, 올해 4월 개장했다. RFID 카드 등록을 통해 '철의 원정대'가 되어 미션을 수행하는 형태로 전체를 둘러볼 수 있다. 입장 시 '대가야 복식체험'을 신청해 옷차림까지 제대로 갖추면 '철의 원정대'에 좀 더 가까워진 기분이 들 것. 전시관 뿐 아니라 야외 체험장, 숙박시설, 물놀이장 등을 갖추고 있어 가족 단위로 방문하기 좋다. 생활촌 한 가운데 있는 목선 승선장에서 배를 타고 연못을 도는 재미를 누려보자.

📍 대가야읍 신남로 81 ☎ 054-950-7180~7181 🕐 09:00~18:00 ₩ 성인 5,000원, 청소년 4,000원, 만 65세 이상 노인 및 어린이 3,000원 / VR이용권 3,000원(현장 판매) / 대가야 목선 승선권 3,000원(현장 판매) / 대가야 복식체험(매표소 판매)
🏠 www.daegayavillage.com

10 왕정
임금의 우물과 왕버들나무

대가야 왕들이 마셨다 하여 '어정' 또는 '왕정(王井)'이라 불린다. 50cm의 얕은 수심에도 사철 일정하게 물이 샘솟아 주민들의 식수로 널리 사용되어왔다. 왕정이 위치한 고령초등학교 운동장에는 엄청난 수령을 자랑하는 왕버들나무가 우뚝 서 있다. 폭염이 내리쬐는 날이면 거대한 나무 그늘 아래 모여 더위를 식히는 동네 어르신들을 볼 수 있다.

📍 대가야읍 왕정길 10 (고령초등학교 내 위치)
☎ 054-950-7501

11 장기리 암각화
귀여운 선사시대 그림

암각화(巖刻畵)란 선사시대 사람들이 그들의 생각과 바람을 바위나 암벽 등 성스러운 장소에 새겨 넣은 것을 말한다. 보물 제605호인 장기리 암각화는 장기리 알터마을 입구의 바위 표면에 새겨진 선사시대 그림으로, 동심원과 다수의 가면 모양이 새겨져 있는 것이 특징이다. 청동기시대 후기에 만들어진 것으로 추정되며, 농경에서의 풍요를 기원하는 제의와 관련 있는 것으로 생각된다. 자세히 보면 초등학생이 그린 것처럼 귀엽다.

📍 대가야읍 아래알터길 15-5
☎ 054-654-2201

12 개경포기념공원
팔만대장경의 이운 순례길

낙동강 수로를 이용해 개경포를 거쳐 해인사로 팔만대장경을 옮긴 것을 기념해 조성한 공원이다. 경판을 머리에 이거나 등짐을 진 승려들의 이운 행렬을 재현한 조형물에서 그들의 지극한 불심을 느낄 수 있다. 개경포기념공원은 현재 낙동강 자전거 종주길을 거쳐 가는 이들을 위한 휴식공간으로 활용을 하고 있으며 개경포주막과 휴식공간 그리고 주민들의 축제 장소로 활용되고 있다.

📍 개진면 개경포로 681
☎ 054-950-6060

13 대가야문화누리
고령의 최신 랜드마크

고령 최고의 복합문화공간. 지상 4층의 웅장한 규모로 지어진 본관은 520년간 지속되었던 대가야의 궁성을 형상화한 것으로 크게 문화예술회관과 국민체육센터로 나뉜다. 1일 이용이 가능한 국민체육센터의 수영장은(4,000원) 이렇다 할 호텔이 없는 고령에서 무척 반가운 시설이다. 4월부터 12월 사이에 약 15회 상설로 열리는 가야금 밴드의 뮤지컬 〈사랑 다른 사랑〉은 매번 만석을 기록하는 대가야문화누리의 자랑. 티켓 예매는 관광협의회 홈페이지(www.grta.co.kr)를 이용하자.

📍 대가야읍 왕릉로 30 ☎ 054-950-7170
🏠 www.goryeong.go.kr/art

14 대가야수목원
이 넓은 숲이 다 공짜

걷는 즐거움을 아는 여행 고수들은 어딜 가든 한적한 수목원을 찾아낸다. '입장료 무료'에 빛나는 대가야수목원은 시원한 물줄기가 솟아오르는 녹음분수광장을 비롯해 난대성 식물을 전시한 분경·분재관, 사계절 꽃이 피는 화서원 등을 갖추고 있어 시종 눈이 즐겁다. 대가야수목원의 가장 큰 매력은 치킨, 피자, 순대 등 배달음식을 마음껏 주문할 수 있다는 것! 수목원 초입에 배달 가능한 업소들을 정리해둔 게시판이 세워져있다. 단 음주는 금지.

📍 대가야읍 성산로 46 일대 ☎ 054-950-6576 🕐 1월~5월, 8월~12월 9:00~18:00, 6월~8월 9:00~19:00 💰 무료

15 대가야기마문화체험장
말달리자!

승마는 물론 다른 곳에서 경험하기 어려운 기마문화를 체험할 수 있는 곳. 약 4,300평의 녹지공간에 원형마장 2동, 실외대마장, 중형마장 등을 갖춘 대형 승마장으로 마상무예 공연을 비롯해 국궁, 마차 등 다양한 기마 관련 프로그램을 운영한다. 갑옷을 착용한 기마무사단의 마상무예 공연은 오직 고령에서만 볼 수 있는 진기한 구경거리다.

📍 대가야읍 신남로 61 (대가야체험캠프 내) ☎ 054-955-1133
🕐 하절기 09:00~18:00, 동절기 09:00~17:00(점심시간 12:00~13:00)
💰 승마체험 20,000원, 국궁체험 10,000원, 마차체험 5,000원
🏠 www.daegayahorse.com

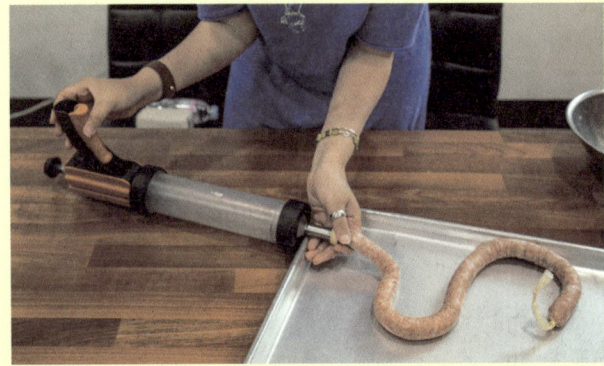

16 대가야체험캠프
체험과 캠핑을 동시에

대가야읍 고아리에 자리한 농촌문화체험특구의 캠핑장과 체험장을 민간 수탁해 운영하는 사회적 기업이다. 100여개의 캠핑사이트가 마련되어 있으며 체험장에서는 수제 소시지 만들기, 피자 만들기, 바비큐 굽기 등의 프로그램을 운영한다. 직접 만든 도우에 각종 토핑을 올리는 피자 만들기 체험은 솔직히 애들보다 어른들이 더 좋아한다. 예약 시 완벽하게 조리된 훈제 통삼겹 바비큐를 캠핑장에서 즐길 수 있다.

📍 대가야읍 신남로 61 ☎ 054-956-5279 💰 오토캠핑장 25,000원~30,000원(부모 2인과 자녀들 기준), 피자 만들기 체험 12,000원 🏠 www.daegayacamp.com

17 대가야다례원
차 한 잔의 힐링

들어서는 순간 차분한 공기에 마음이 담백해진다. 중국의 '다예'나 일본의 '다도'가 아닌 우리만의 '다례'가 따로 있다는 걸 부끄럽게도 이곳에서 처음 배웠다. 찻수건인 다건을 접는 법부터 차를 우리고 다기를 다루는 법까지 1시간에 걸쳐 다례의 전 과정을 체험할 수 있는 것은 물론 한입 크기의 앙증맞은 다식도 맛볼 수 있다. 한복 대여 서비스를 이용하면 평상복을 입었을 때보다 몸가짐이 곱절로 단정해진다. 방문 전 예약은 필수.

📍 대가야읍 주산길 28 🕐 054-956-0880 🕐 10:00~17:00, 주말 휴무
₩ 전통차 마시기 5,000원. 전통차 시연 후 다식과 함께 전통차 마시기 10,000원(10인 이상 예약가능), 조선시대 선비 의복 입고 다례 체험하기(1인) 15,000원(10인 이상 예약 가능)

18 고령향교
왕궁이 있던 자리

대가야 왕들이 살았던 궁성지로 전해지는 곳에 자리한 고령향교는 조선 초인 1414년(태종 13)에 건립된 이래 네 차례나 옮겨져 현재 위치에 정착했다. 신라·고려시대에는 불교사원으로, 조선시대에는 유교 교육기관으로 바뀌며 유구한 역사를 이어가고 있다. 야트막한 담을 따라 걸으며 주변 풍경을 둘러보니 이곳이 과연 명당이구나 싶다. 향교 옆에는 싱그러운 풀 냄새가 진동하는 연조공원이 자리하고 있다. 산책로가 잘 조성되어있어 호젓하게 거닐기 좋다.

📍 대가야읍 향교길 29-18 🕐 054-950-6324
🏠 www.gohyanggyo.co.kr

19 고령대장간
21세기의 철기 장인

장날이면 고령 대가야시장에는 쇠망치 소리와 담금질 소리가 번갈아 울려 퍼진다. 철기 장인 이준희 씨가 3대째 대를 이어 홀로 묵묵히 운영하는 곳으로 칼과 낫, 호미 등 각종 농기구와 연장을 80여년째 전통방식 그대로 제작하고 있다. 요즘 보기 드문 풍경인 탓에 전국의 사진가들이 무시로 찾아온다.

📍 대가야읍 시장3길 29
🕐 054-954-9177
🕐 평일 8:30~17:00, 토요일 8:30~15:00, 일 휴무.
장날(매 4, 9일) 4:00~18:00

20 봉이땅엔
내 손으로 따는 딸기

농촌 교육 농장인 '봉이땅엔'은 딸기 철인 1~5월이 가장 바쁘다. 약 6,000평 규모의 비닐하우스 40동 곳곳에서 일반인들의 딸기 따기 체험이 이루어지기 때문이다. 초기에는 블로그를 통해 예약하는 사람이 많았으나 SNS를 통해 입소문이 난 지금은 그냥 찾아오는 사람이 3만 명이 넘는다. 이외에도 딸기잼 만들기 체험(20,000원), 딸기쿠키 만들기 체험(15,000원) 등 다양한 프로그램이 마련되어있다.

📍 대가야읍 대가야로 1482 🕐 054-956-5665
₩ 딸기 따기 체험 1~3월 10,000원~15,000원, 4월 8,000원, 5월 6,000원
🏠 bjfarm.tistory.com

MOVE ON

[그리고 또 다른 이야기들]

MOVE ON

Little Forest
싱그러움을 집으로

성산면에서 새벽 어스름 속에 멜론을 따는 농부를 만났다. 돌아오는 길에는 직판장에 들러 알 굵은 감자 한 상자를 집으로 부쳤다. 고령에서 기억해야 할 다섯 가지 작물.

음식에 죽고 사는 여행자들은 공항 통관대 앞에서 이따금 눈물의 반납식을 치른다. 리조트에서부터 챙겨온 망고스틴 봉지도, 시장에서 산 진짜배기 하몽도 미련 없이 내려놓아야 한다. 그러나 국내 여행이라면 얘기가 다르다. 목포의 팔뚝만한 민어도, 포항의 꾸덕꾸덕한 과메기도 몽땅 집으로 가져갈 수 있다. 사과 몇 알, 술 한 병 정도는 배낭에 쓱 넣어오면 그만이다. 장안의 식도락가들은 이 기회를 절대 놓치지 않는다. 양조장을 방문하기 위해 일정을 조정하고, 시장에서 맛본 젓갈을 택배 배송으로 주문한다. 돌아오는 길에 가까운 직판장을 검색해 수박이며 감자 따위를 기어이 도매가에 구입하기도 한다.

가야산의 맑은 물과 낙동강변의 사질양토는 고령의 작물을 무르익게 만드는 양대 요인이다. 고령은 낙동강의 수리시설을 개선하고 경지를 정리하는 등 오래 전부터 농업의 근대화를 도모해왔다. 1970년대 초까지 고령 지역의 특산물은 파, 땅콩, 수세미, 잠업, 면화 등 노동력이 많이 소요되는 작물이었으나 1980년대를 전후로 자급농이 상업농의 형태로 변하면서 변화를 맞았다. 농가마다 여러 종류의 작물을 재배해오던 형태에서 경제성 있는 작물을 큰 면적에서 재배하는 형태로 방식이 바뀌었다. 이후 단위소득이 높은 딸기, 참외, 수박 등의 시설 재배 경작지가 급속히 확산되면서 이는 곧 고령의 특산물로 자리잡았다. 현재 고령에서 생산되는 주요 특산물로는 성산 멜론, 우곡 수박, 쌍림 딸기, 고령 옥미, 개진 감자 등이 있다.

Interview

농부 이준일

성산은 고령의 대표적인 멜론 재배지다. 새벽 5시의 농부는 분주했고, 비닐하우스에는 노랗고 둥근 열매들이 뒹굴었다.

📍 성산면 봉곡길 36-10
📞 010-8597-4898

멜론을 재배한지 오래되었나요?
그런 편이에요. 저희 부모님만 해도 여기서 40년 넘게 재배하셨거든요. 시작은 참외였지만 뭐, 참외나 멜론이나 다 비슷하니까요.

지금 재배하고 있는 멜론은 어떤 종류인가요?
파파야멜론, 양구멜론, 설향, 머스크멜론. 예전에는 더 다양하게 재배했는데 수확시기가 서로 다르다 보니 신경 쓸게 너무 많아서 지금은 네 가지만 하고 있어요.

그렇군요. 근데 설향이 뭐예요?
(희끄무레한 멜론을 보여주며) 이거요, 약간 길쭉하게 생긴 거. 참외랑 비슷한데 그보다 크고 색이 하얘요. 전 이게 제일 맛있더라고요.

멜론마다 수확시기가 다르면 제철도 각각 다르겠네요?
그렇죠. 추위에 강한 파파야멜론은 봄에 수확하기 때문에 3~4월이 제철이고요. 여기 있는 양구멜론과 설향은 6월이 수확시기예요. 이게 끝나면 같은 자리에 머스크멜론을 심어요. 추석쯤에 수확할 거라 서둘러야 하지요.

9월에 수확이면 아직 여유가 있지 않나요?
아뇨. 멜론은 같은 자리에서 두 번 세 번 따는 참외랑은 달라요. 먼저 있던 걸 다 뽑고 새로 심어야 하거든요. 머스크멜론이 끝나면 다시 하우스를 손질해서 파파야멜론을 심고, 이런 식으로 1년 내내 수확과 준비작업이 번갈아 진행되다 보니 쉴 틈이 거의 없어요.

어떤 과정이 가장 힘든가요?
멜론이 자랄 때 잎을 손질하는 작업이 제일 손이 많이 가요. 숙련자가 하루 여덟 시간 일해도 비닐하우스 한 동 끝내는 게 고작이에요. 수확 시기에는 따로 사람을 써야 할 정도로 손이 부족하죠.

멜론은 어떻게 먹는 게 가장 맛있나요?
잘 익었을 때는 그냥 먹는 게 최고고요. 좀 덜 익은 건 채 썰어서 장아찌로 담가먹어도 맛있어요. 다른 시억에서는 물회에 넣어 먹기도 하더리고요.

요즘은 인터넷으로 작물을 홍보하는 농부가 많은데, SNS는 전혀 안 하시나요?
네, 일하느라 너무 바빠서요. 그럴 시간에 밭일에 더 집중하고 싶어요. 대신 개인적인 택배 주문은 전화로 받고 있어요.

참, 농장 이름이 어떻게 되나요?
그것도 바쁘다는 핑계로 여태 못 지었네요. 이 참에 하나 지어주시겠어요?

성산 멜론

멜론은 크게 네트멜론과 무(無)네트멜론으로 나뉜다. 우리가 일반적으로 마트에서 사는 멜론이 네트멜론이다. 껍질에 그물 문양이 돌기처럼 솟아있어 붙여진 이름으로, 사향 향이 나서 머스크멜론이라고도 불린다. 무(無)네트멜론은 말 그대로 그물 무늬가 없어 껍질이 참외처럼 매끄럽다. 역사 도시 고령이 무네트멜론의 최고 산지 중 하나라는 점은 무척 흥미롭다. 백색의 '설향', 설향과 비슷하지만 초록 점이 알알이 박혀 있는 '가야백자', 노란색의 '양구'멜론, 개구리참외와 비슷한 초록색의 '파파야'멜론이 모두 무네트멜론에 속한다. 이중 노란색의 무네트멜론을 통칭하는 '양구멜론'은 강원도 양구 지역과 이름이 같아 오해를 사기도 한다. 언젠가부터 강원도 양구에서도 양구멜론을 재배하고 있기는 하나, 전체 재배 면적의 1.5% 수준으로 고령에 비하면 수확량은 극히 적은 편이다. 적당히 후숙한 무네트멜론은 혀가 아릴 정도로 당도가 높고 아삭아삭하다. 설향과 백자 등의 고급 품종은 대도시 백화점에서 수만 원에 거래될 만큼 희귀하니 반드시 한 통 맛볼 것을 권한다.

쌍림 딸기

고령에서 딸기 재배의 역사는 무척 유구하다. 쌍림면 안림리에 살던 '고령 딸기의 아버지' 곽해석씨가 딸기 노지 시험 재배에 성공해 전파하기 시작한 게 1966년의 일. 우리나라 최초의 딸기가 기록상 1960년대에 수원 근교에서 재배한 '대학 1호'라는 점을 생각하면 쌍림면은 사실상 한국 딸기의 프런티어인 셈이다. 가야산 줄기인 미숭산, 만대산의 맑은 물과 비옥한 토양, 내륙 지방의 큰 기온 연교차는 딸기 생산에 매우 알맞다. 특히 농약을 전혀 쓰지 않는 유기 농법을 고수하며 꿀벌로 자연 수정하는 쌍림 딸기는 품질과 당도 면에서 세계적이라는 평가다. '고령 옥미' '성산 멜론'과 마찬가지로 '쌍림 딸기'는 하나의 브랜드이다. 물론 이와 별개로 개인의 취향에 따라 좋아하는 품종을 가리기도 한다. 과거에는 일본 품종인 '육보'나 '장희'가 주를 이뤘으나 최근에는 '설향', 설향을 개량한 '금실' 등이 딸기 농가의 주력 품종이다.

우곡 수박

고령의 수많은 작물이 낙동강변의 사질 양토와 가야산의 맑은 물을 품질의 비밀로 꼽지만, 우곡 수박만큼 그 인과를 인정받은 것은 없다. 국립농산물품질관리원은 특정 농산물의 명성, 품질 등이 본질적으로 특정 지역의 지리적 특성에 기인하는 경우 이를 '지리적 표시'로 인증한다. 우곡 수박은 나주 배, 창녕 마늘, 개진 감자 등과 함께 '지리적표시제 제73호'에 등록된 특산품이다. 우곡 수박은 과일 업계에서는 럭셔리 브랜드에 속한다. 보통의 수박이 수정 후 45일 정도면 수확하는 데 반해 우곡 수박은 땅의 양분을 충분히 흡수할 수 있도록 65일을 기다린다. 이렇게 기른 수박은 육질이 아삭아삭하고 당도가 높다. 수박의 당도는 과학이다. 과일의 당도는 과즙에서 수분을 뺀 고형물 100g 속에 당의 무게가 얼마인지를 뜻하는 브릭스(Brix)로 측정한다. 브릭스 등급이 11도가 넘으면 특등급 수박으로 분류하는데 우곡 수박의 당도는 평균이 12~13도다. 한마디로 보통의 수박과는 궤가 다르다.

고령 옥미

고령 옥미가 맛있는 이유는 가야산 맑은 물과 비옥한 토양 때문이라고들 하지만, 그보다 더 중요한 건 벼의 품종 선택과 철저한 관리다. '고령 옥미'라는 브랜드가 붙은 농가들은 삼광벼를 키우는데 삼광벼는 전문가들이 우리나라에서 가장 맛있는 벼 품종의 하나로 꼽는다. 일반적으로 벼는 단백질 함량이 낮을수록 쌀알이 단단하지 않아 밥맛이 좋고 아밀로스 함량이 낮을수록 찰기가 돈다. 찰기에는 취향이 있지만, 밥알이 단단한 쌀을 좋아하는 한국 사람은 매우 적다. 삼광은 재래 품종 중 거의 가장 낮은 단백질 함량을 가지고 있어 씹기 좋고 구수하며 중간 정도의 적당한 찰기를 띈다. 전문가들이 우리 쌀 중 가장 맛있는 벼 품종 셋으로 '고품' '호품'과 함께 삼광을 꼽는 이유다. 특히 고령 옥미는 수매 시에 혼합률을 철저하게 관리하는 단일 품종 브랜드라 밥맛이 균일하다. 고령 옥미는 600개 농가가 재배하는데, 수매 시에 DNA 검사를 실시하여 이품종 혼입률이 20%가 넘으면 해당 농가의 계약재배를 3년간 제한한다. 생산에서 출하까지 포장 검사 및 품위 검사 규격을 제정, 합격품만 수매해 불량미를 제거한 '완전미'이자 '청결미'다.

개진 감자

낙동강 연안의 알칼리성 토질은 감자 생육에 적합해 예부터 감자 농가가 많았다. 특히 고령군 개진면 일대는 낙동강변의 퇴적물이 충적된 사양토라 배수가 양호해 감자 등의 뿌리 식물 재배에 최적이다. 개진의 수미종 감자는 특히 다른 지역 감자보다 전분이 탁월하게 많아 맛이 좋고, 비타민이 풍부하며 영양가가 높다. 개진에서 출하된 햇감자를 삶으면 그 자체로 달고 포슬포슬해서 소금만 찍어 먹어도 맛있다. 감자를 고를 때는 모양과 크기가 고르고 너무 크지 않은 주먹만 한 것이 좋다. 특히 씨눈(감자 표면이 움푹 들어간 곳)이 너무 많이 퍼져 있지 않고 얕은 걸 고른다. 개진 감자는 이런 모양새 면에서도 전국 최고로 꼽힌다. 출하 시 철저한 선별 작업으로 속박이가 없으며, 상품 포장별로 균일한 크기를 담기 때문이다. 개진 감자 역시 지리적 특성을 인정받는 농산물이다. 국립농산물품질관리원은 "토심이 깊고 비옥한 충적평야가 넓게 형성되어 있어 감자 재배에 적합한 토양 조건을 갖추고 있음"이라고 고령의 특성을 정의했다.

Information

고령 특산물 구입처

멜론
이준일 농부 010-8597-4898
성산멜론 010-4539-4234
신선고 010-9842-6789

딸기
봉이땅엔 054-956-5665
땅사랑딸기잼농원 054-955-9900
아람딸기농원 054-955-0137
하우스베리 010-2083-0177
우리들엔영농조합법인 054-955-9356

수박
고령우곡그린영농조합 054-955-8940
씨제로수박작목반 010-4030-3311
유기농우곡드림수박 054-956-3357

고령 옥미
고령RPC 054-955-9512

감자
개진감자영농조합법인 054-954-0222

〈전통시장, 마트, 로컬푸드 판매장〉
고령 대가야시장 대가야읍 시장3길 29 / 054-954-5445
대백마트 대가야읍 우륵로 16 / 054-954-9800
OK포인트마트 대가야읍 중앙로 36 / 054-956-6641
㈜제이스마트 대가야읍 왕릉로 109 / 054-956-8986
하나로쇼핑 대가야읍 우륵로 22 / 054-955-7194
홈마트 대가야읍 헌문리 49-4 / 054-956-6565
드림마트 다산면 상곡리 161-17 / 054-956-6565
OK마트 성산면 득성리 171-1 / 054-955-5345
대가야파머스마켓 대가야읍 대가야로 1216 / 054-955-2077

〈상설판매장〉
고령몰 www.grmall.co.kr
고령관광기념품점 054-950-6427

The Souvenir

싱싱한 딸기의 붉은 빛과 가슴을 두드리는 가야금 선율, 가야 토기의 질박한 아름다움과 가야산 맑은 물로 빚은 된장의 맛. 그 모든 추억을 좀 더 사적으로 만들어주는 고령의 관광기념품들.

1

3

2

4

①
무화과&블루베리 식초 세트

무화과와 블루베리가 고령의 떠오르는 특산물이라는 건 아는 사람만 안다. 친환경 농법을 고수하는 산솔농장은 귀농한 부부가 운영하는 곳으로, 무화과와 블루베리를 천연 발효한 새콤초와 달콤초를 판다. 무화과 새콤초는 입맛 도는 요리에, 블루베리 달콤초는 드레싱 소스로 잘 어울린다. 1세트 30,000원

②
닥종이 향주머니 인형

닥종이 창작터에서 전통 한지기법으로 제작하는 향주머니 인형. 지고리와 치마 색이 다양해 여러 명에게 선물로 돌리기 좋다. 닥종이를 두드리고 다듬어 완성한, 시간과 정성이 들어간 작품. 치마 속에 향이 나는 나무가 들어있어 공기정화에 효과적이다. 12,000원

③
염색 연잎 다포

전통차 체험관인 대가야다례원에서 생산하는 연잎 모양 다포. 대가야다례원에서 다례 체험을 한 여행자라면 다기 한 벌까지는 아니더라도 다포 한 장쯤은 기념으로 간직해보자. 생생한 잎맥 표현과 제각각 다른 염색 무늬가 담백한 조화를 이룬다. 각 20,000원

④
백자·청자 오르골

영천시 공예촌 입주작가로 활발한 작품 활동을 펼치고 있는 송영철 도예가의 작품. 그는 호랑이 입에서 연기가 피어나는 독특한 디자인의 향로로 경상북도 공예품대전 대상을 수상했다. 대가야의 상징인 가야금과 말을 형상화한 오르골. 각 60,000원

⑤ 도자기 꽃고무신

고령의 색채를 보여주는 각종 디자인 상품을 개발하는 무무공방의 대표상품. 실물로 보면 한 손바닥에 올라갈 정도로 앙증맞은 크기라 입가가 절로 올라간다. 돌에서 채취한 재료로 만든 친환경 물감을 사용했다.
1세트 15,000원

⑥ 코발트 면기

100% 수작업을 고집하는 소담앤오롯의 코발트색 면기. 흙으로 빚은 그릇 특유의 온기가 양손 가득 전해진다. 오묘한 빛깔의 푸른 색이 의외로 한식과 궁합이 잘 맞는다. 40,000원

⑦ 미니 가야금

가얏고마을에서 진행하는 '가야금 제작 체험'은 직접 만든 가야금을 집으로 가져갈 수 있는 소중한 기회이지만 숙박이 포함된 상품이라 그만큼 참가비도 높은 편이다. 대신 가얏고마을에서 제작하는 미니 가야금으로 아쉬움을 달래보자. 보다시피 만듦새가 무척 정교하다. (대) 380*100mm 55,000원, (소) 300*70mm 30,000원

⑧ 칠보 브로치

서양화가 황현숙이 직접 가마에서 만든 칠보로 가공 제작한 브로치. 귀뜸하자면 실물이 곱절로 예쁘다. 황현숙 작가와 그의 남편인 조각가 윤명국의 작업실이 자리한 내곡미술촌은 교실 8칸이 전부인 폐교를 리모델링한 건물로 유명하다.
38,000원

⑨

가야요 수저받침

40여 년간 도자기를 연구한 도예명장 최상중 선생의 수저받침. 그릇이나 잔에 비해 깨질 염려가 적은데다 가격도 합리적이라 기념품으로 그만이다. 고온의 가마 속에서 저절로 생성된 결정유 특유의 무늬가 아름답다. '가야요'에서 제작한다.
5개 1세트 35,000원.

⑩

스무주

500년 역사를 자랑하는 고령 유일의 전통주. 조선 효종 때 궁중에서 가져온 술을 성산이씨 문중에서 가양주로 개발했다. 찹쌀, 멥쌀, 누룩 등을 재료로 빚어 달콤하면서도 쌉싸래한 뒷맛이 일품이다. 시중에서 구하기 어려운데다 냉장에서 1년 동안 보관이 가능하므로 여러 병 사둘 것을 추천! 700ml 25,000원

⑪

생비원 옹기 된장

가야산 자락에 자리한 생비원은 청정지역 1급수인 가야산의 맑은 물과 직접 농사지은 햇콩을 이용해 전통 방식으로 장을 담근다. 소담한 수제 옹기에 담긴 된장은 햇콩 중에서도 알찬 것만 골라 3년 숙성을 거친 것으로 고령의 맛을 오래 기억하게 만든다. 1.5kg 80,000원

⑫

가야요 칠보석 머그잔

소박하고 단아한 고령 특유의 미감을 오래 간직하고 싶다면 도자기 소품만한 게 없다. 칠보석 결정유 문양이 별처럼 반짝이는 이 머그잔은 도예명장 최상중이 이끄는 '가야요'의 스테디셀러 중 하나. 25,000원

9

10

11

12

⑬
가얏고마을 귀걸이

악성 우륵의 활동지였던 가얏고마을에서 생산하는 귀걸이. 대가야의 금관과 가야금 줄을 받치는 안족을 각각 형상화했다. 오직 고령에서만 구입할 수 있는 기념품이라 하나쯤 소장할 만하다. 각 8,000원

⑭
장경호 금동관 아로마 캔들

고령 최초의 무형문화재인 토인 백영규 선생의 전수자 김대철 도예명장은 현재 '도문요'를 운영하며 꾸밈없이 덤덤한 조선 백자의 맥을 이어가고 있다. 그가 제작한 장경호 금동관 아로마 캔들은 2017년 고령군 관광기념품 공모전에서 금상을 차지한 작품으로, 풍만한 형태와 투박한 듯 섬세한 질감이 돋보인다. 60,000원

⑮
토기 찻잔

대가야의 대표 유물인 바리모양 그릇받침을 찻잔 모양으로 재해석한 것이 재미있다. 본래 바리모양 그릇받침은 긴목항아리의 둥근 하단을 지지하기 위한 것으로, 보통 긴목항아리와 세트를 이룬다. 토기 모양 찻잔이라니 이런 것도 참 고령스럽다. 15,000원

⑯
딸기칩

생산책임제를 바탕으로 어린이도 안심하고 먹을 수 있는 먹거리를 생산하는 팜그린의 프리미엄 건조 과일칩. 특히 고령의 특산물인 딸기로 만든 칩은 싱싱한 딸기를 그대로 썰어 담은 듯한 모양에, 식감도 딸기처럼 부드럽다. 2017 고령군 관광기념품 공모전 은상 수상작. 각 4,000원

13

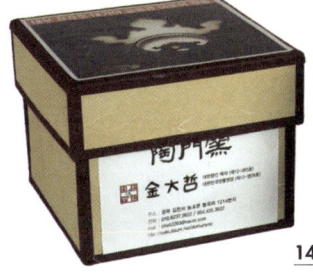

14

15

16

Information

고령 관광기념품점
📍 대가야읍 대가야로 1216 (대가야역사테마관광지 내)
📞 054-950-6427
🕐 평일 9:00~18:00, 주말 10:00~17:00

고령 동서남북

신비와 미지로 출렁이는 땅. 고령을 여행하는 네 개의 방향, 네 가지 제안.

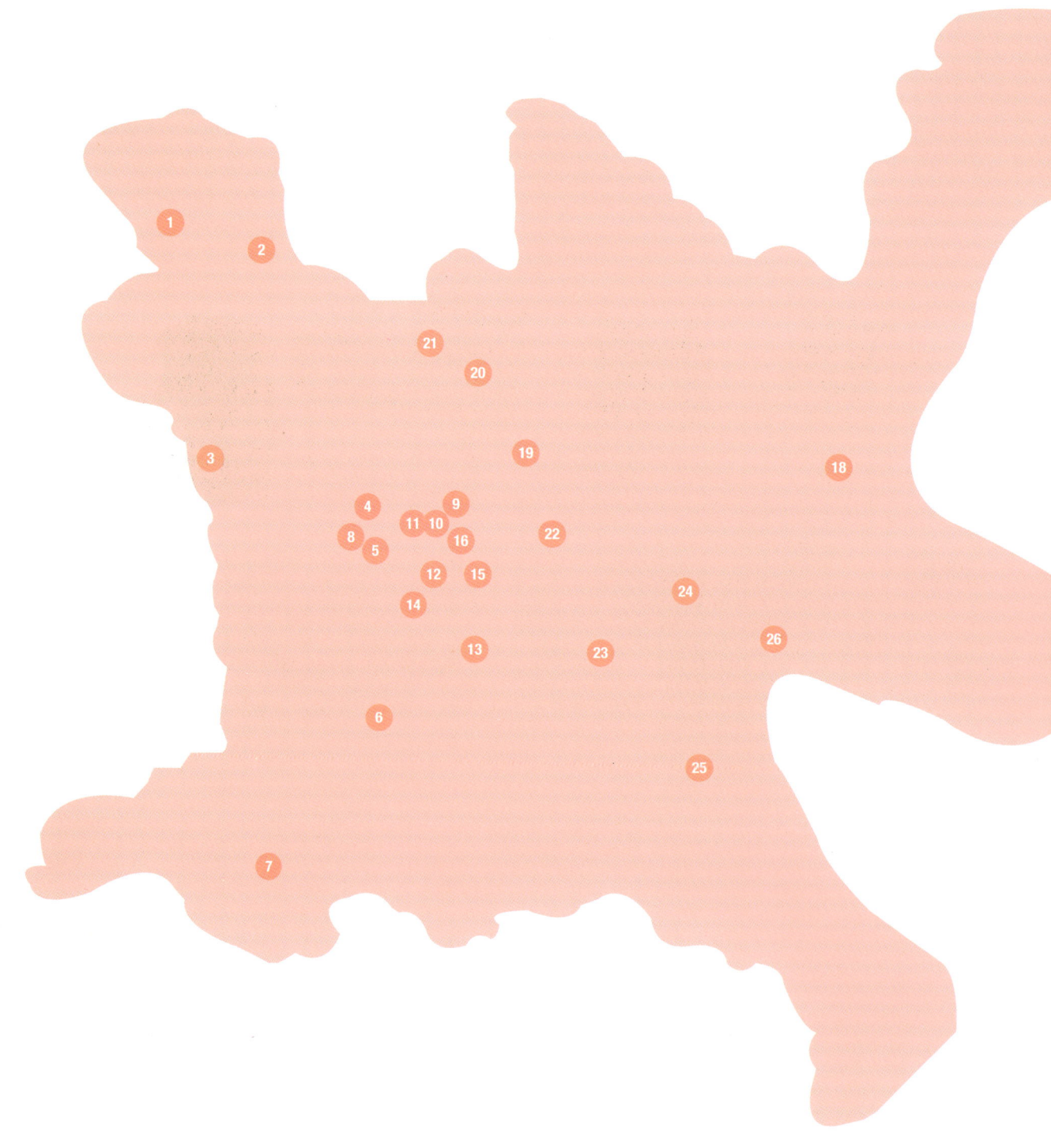

1	생비원
2	퐁텐블루
3	미숭산 자연휴양림
4	지산동 고분군
5	대가야왕릉전시관
6	신가네손칼짬뽕
7	개실마을
8	참살이
9	왕정
10	고령향교
11	대가야다례원
12	카페테리아 누리
13	대가야생활촌
14	르뮈제
15	개진감자 고로케
16	고령 대가야시장
17	에이치테이블
18	금산한우
19	봉이땅엔
20	두레두부마을
21	황토식당
22	대가야수목원
23	장기리 암각화
24	고령요
25	징검다리연구소
26	개경포기념공원

① West

생비원 –〈5분〉– 퐁텐블루 –〈30분〉– 미숭산 자연휴양림 –〈30분〉– 지산동 고분군 –〈3분〉– 대가야왕릉전시관 –〈3분〉– 신가네손칼짬뽕 –〈5분〉– 개실마을

고령 여행의 하이라이트인 지산동 고분군을 걷는 날. 생비원을 숙소로 택해 오직 장맛으로 승부하는 마법의 아침상을 경험하고 퐁텐블루에 들러 디저트까지 알차게 챙긴다. 미숭산과 고분군의 빼어난 경관을 둘러본 뒤 외갓집처럼 아늑한 개실마을에서 여정을 마무리하자.

② Center

참살이 –〈10분〉– 왕정 –〈2분〉– 고령향교 –〈1분〉– 대가야다례원 –〈2분〉– 카페테리아 누리

2: 대가야생활촌 –〈3분〉– 르뮈제 –〈5분〉– 개진감자 고로케 –〈1분〉– 고령 대가야시장 –〈5분〉– 대가야교

왕정과 고령향교, 대가야다례원은 한 코스로 묶인다. 본격적으로 여행하기 전 농가맛집 참살이의 로컬푸드 정식으로 속을 든든하게 채우자.
2코스는 5일장이 서는 4, 9일 중 하루로 날을 잡는다. 시장에서 소구레볶음과 뒷고기로 먹는 재미를 만끽한 뒤 노을에 잠긴 대가야교를 산책해보자.

③ North

에이치테이블 –〈20분〉– 금산한우 –〈15분〉– 봉이땅엔 –〈1분〉– 두레두부마을 –〈2분〉– 황토식당

북동쪽부터 시내권까지 점점이 퍼져있는 숨은 맛집들을 공략한다. 금산한우에서 A1++ 등급 한우의 황홀함을 경험한 후 봉이땅엔 농장의 딸기 따기 체험을 이용해 부른 배를 꺼트린다. 두레두부마을에서 순하고 정직한 콩국수를 맛본 다음 황토식당에 들러 스무주 두어 병을 기념품으로 챙긴다.

④ East

대가야수목원 –〈15분〉– 장기리 암각화 –〈10분〉– 고령요 –〈10분〉– 징검다리연구소 –〈10분〉– 개경포기념공원

아침 일찍 대가야수목원에 들러 한적한 산책을 즐긴다. 백영규 명장의 도예전수관 고령요와 고령의 신상 카페인 징검다리연구소는 둘 다 폐교를 개조한 건물로 여행자의 호기심을 돋운다. 개경포기념공원에서 유유히 흐르는 낙동강을 바라보며 지난 여행의 추억을 돌아보자.

Back Issue & Subscription

여행을 기억하는 당신, 여행을 꿈꾸는 당신이라면

MOVE는 자신만의 취향과 여유, 안목을 지닌 여행자를 위한 데스티네이션 매거진입니다. 여행을 사랑하는 마케팅.출판 기획사 어라운더월드가 발행하며, 매호 하나의 도시, 하나의 지역 혹은 하나의 마을만 주목합니다. 지난 여정을 세심하게 회고하고 싶은 여행자부터 언젠가의 '드림 트래블'을 계획하는 몽상가까지, 여행을 사랑하는 모든 이가 MOVE의 독자입니다.

정기구독 문의

MOVE는 한 해 4~6권을 발행합니다.
1년 동안 소중한 분과 함께 받아보고 싶으시다면 할인된 금액으로 본인과 지정된 분께 정성스럽게 발송됩니다.

1년 4권 기준　　　　72,000원
1년 4권 기준 X2　144,000 → 120,000원

SC제일은행 385-20-186606
예금주 컨시어지서울

신청 02-3477-7046
movemagazine01@gmail.com
www.conciergeseoul.co.kr

MOVE DESTINATION ABROAD

Vol. 1
BATANES

Vol. 2
SICILY

Vol. 3
DUBAI

Vol. 4
MAURITIUS

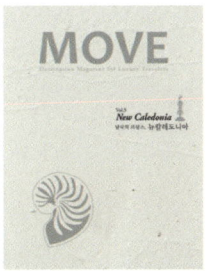
Vol. 5
NEW CALEDONIA

Vol. 6
LOMBOK

Vol. 7
SIBERIA

Vol. 8
MALTA

Vol. 9
BERLIN

MOVE DESTINATION KOREA

Vol. 1
JEJU ISLAND

Vol. 2
ANDONG

Vol. 3
GORYEONG

Vol. 4
GWANGJU

〈MOVE〉는 여유와 취향이 있는 여행자를 위한 데스티네이션 매거진입니다.
한 호에 한 지역, 한 도시, 한 마을만 소개하고 있어 여행에 관심있는 사람이라면 누구나 편한 마음으로 구독할 수 있습니다.
근간의 여행을 위해, 또는 언젠가 떠날 꿈의 여행을 위해 소장하시기 바랍니다.